KB265122

너의
의무를
묻는다

살아가면서 읽는 사회 교과서
너의 의무를 묻는다

초판 1쇄 펴냄 2010년 10월 30일
    11쇄 펴냄 2021년 5월 7일

지은이 이한

펴낸이 고영은 박미숙
펴낸곳 뜨인돌출판(주) | 출판등록 1994.10.11.(제406-251002011000185호)
주소 10881 경기도 파주시 회동길 337-9
홈페이지 www.ddstone.com | 블로그 blog.naver.com/ddstone1994
페이스북 www.facebook.com/ddstone1994
대표전화 02-337-5252 | 팩스 031-947-5868

ⓒ2010 이한

ISBN 978-89-5807-323-9 03300

이 도서의 국립중앙도서관 출판예정도서목록(CIP)은 서지정보유통지원시스템 홈페이지
(http://seoji.nl.go.kr)와 국가자료종합목록 구축시스템(http://kolis-net.nl.go.kr)에서
이용하실 수 있습니다. (CIP제어번호 : CIP2010003608)

살아가면서 읽는 사회 교과서

너의 의무를 묻는다

이 한 지음

뜨인돌

　고등학교 시절 제가 가지고 다니던 학생 수첩의 첫 장에는 이런 구절이 있었습니다.

　머리카락은 항상 단정하게, 길이가 3센티미터를 넘지 않도록 짧게 잘라야 한다.

　'학생의 몸가짐·마음가짐'이라는 페이지에 등장하는 문장이었지요. 시작부터 대뜸 명령조로 나오니 기분이 참 불쾌했습니다. 이유 없는 반항심이 불꽃 튀던 시기였기 때문일까요. 어서 빨리 학교를 졸업하고만 싶었습니다.

　아! 그러나 얼마나 야속한 인생인가요. 우리는 살아가는 동안 대뜸 명령하는 불쾌한 일들을 계속해서 마주합니다. 어쩔 수 없는 명령의 바다를 헤쳐 나가게 됩니다. 시험공부를 열심히 해야 한다, 부대 내 선임병들의 이름을 이틀 안에 외워야 한다, 취업 준비를 더 빡빡하게 해야 한다, 야근을 해야 한다, 더 늦기 전에 결혼을 해야 한다, 애들 학원 보낼 돈을 마련해야 한다…. 그래서 사람들은 '~해야 한다'는 말 자체를 무척 싫어합니다. '~해야 한다'고 요구되는 역할을 꾸역꾸역 해내며 살고 있기 때문입니다. 사는 게 참 피곤하다고 생각하게 되었습니다.

이제 많은 사람들은 '~해야 한다'는 말을 곧이곧대로 듣지 않습니다. 따르지 않아도 직접적인 불이익이 없으면 관심을 기울이지 않습니다. "내가 하기 싫은 것을 얼마나 많이 억지로 하고 있는데. 난 엄청나게 많은 의무를 다하는 사람이야. 숨이 막힐 지경이라고!"라고 외칩니다. 하지만 그는 정말 자신의 의무를 충실히 다하고 있는 것일까요? 그렇다고 말하긴 힘들지요. 평생을 외부에서 명령조로 제시한 바를 따른다고 해도, 사실은 의무와 무관한 삶을 사는 것일 수 있습니다. 이성적으로 납득한 내부의 규범을 실천하지 않고 있기 때문입니다.

세상에는 많은 말들이 오갑니다. 그중 맞는 말도 있고 틀린 말도 있고 터무니없는 말도 있습니다. 의무에 관한 이야기도 마찬가지입니다. '학생의 의무는 열심히 공부하여 시험에 대비하는 것이다'와 같은 명제는 별다른 논리를 제시하지 않습니다. 사회적으로 부여받은 역할에 충실하라고 요구할 뿐이지요. 그렇게 요구받은 역할이 의무로서의 정당성을 갖고 있는지는 아무도 모릅니다.

힘 있는 사람들이 자기 욕심을 채우느라 그 어느 때보다 바쁜 현실입니다. 그들은 사람들의 사회적 역할을 나누어 정하고 그에 걸맞은 일들을 만들어 냅니다. 그래서 우리는 무엇을 '해야 한다'는 강박관념에 빠지지만, '왜' 해야 하는지에 대해서는 생각하지 않습니다. 스스로 생각해서 행동의 준칙을 마련하지 않고, 제대로 된 나침반 없이 삶을 살아가는 것이죠.

나침반을 제시해 주겠다는 이들은 많습니다. 너무도 쉽고 친절하게 의무의 목록을 제시하지요. 교과서는 그러한 도움의 일등 공신입니다. '국민의 4대 의무'를 모르는 사람은 없을 것입니다. 그러나 4대 의무가 삶에 얼마나 많은 도움을 주고 있는지 자신할 수 있는 사람은 극히 드뭅니다. '근로의 의무'를 달달 외울 수 있는 사람은 야근을 하고, 그렇지 않은 사람은 칼퇴근을 더 많이 하는 게 아닙니다. 종합부동산세의 정당성을 단지 '납세의 의무'라는 단어만으로 판단할 수 있을까요. 과연 그것이 정말로 부당한 세금 폭탄인지, 아니면 부동산 자원을 많이 소유하고 있는 사람들이 온당하게 내야 할 세금인지에 대해서 말이지요. '국민의 4대 의무' 같은 목록은 의무를 지정해 놓은 '범주'에 지나지 않습니다.

저는 이 책에서, '환경 보호의 의무'나 '교육의 의무' 등과 같이 목록이나 범주로서 지정되는 의무를 제시하지 않으려고 합니다. 그런 범주에 맞춰서 의무의 내용을 설명하지도 않을 것입니다. 대신, 의무의 본질과 원리에 대해 함께 생각해 보려고 합니다. 의무를 따른다는 게 대체 무엇을 의미하는지를 살펴보고자 합니다. 의무에 대한 생각이 서로 다를 때 옳고 그름을 판단할 수 있는 기준은 어떤 것인지 이성적으로 검토해 볼 것입니다.

종교인에게는 종교적 신념에 근거한 포교의 의무가 있을 수 있습니다. 연인에게는 상대의 기분을 잘 헤아리고 동감해 주어야 할 의무가 있을 수 있겠지요. 저는 이 순간, 독자가 시간을 낭비하지 않고 읽을 가치가 있는 글을 써야 한다는 의무를 떠올리고 있습니다. 그러나 이런 의무들이 보편적인 의무는 아닙니다. 특별한 신념이 있거나, 사적인 관계에 속하거나, 남다른 가치관을 갖기 때문에 생기는 의무입니다. 이 책에서는 이런 식의 포괄적인 의무는 다루지 않으려고 합니다. '의무'라는 개념에 포괄되는 모든 규범을 설명하지는 않을 생각입니다. 대신 저는 하나의 질문으로 글을 시작하려 합니다.

정치 공동체 안에서 살아가는 구성원들의 보편적인 의무는 무엇인가?

종교가 무엇이든, 연인이 있든 없든, 글을 쓰는 사람이든 아니든,

정치 공동체에서 사회 구성원들이 똑같이 갖게 되는 의무에 대해 생각하고자 합니다. 이익이 줄어든다고 무시할 수 없고 불편하다는 이유로 거부할 수 없는, 인간의 존엄성에서부터 비롯된 '진짜' 의무 말이지요.

우리 사회에, 우리 마음에, 과연 그런 의무가 존재하고 있는지 들여다보고자 합니다. 그것은 구체적으로 어떤 내용을 갖는지, 왜 우리는 그런 의무를 따라야 하는지에 대해서 생각하게 될 것입니다. 그러나 이는 하나의 견해를 제시한 것일 뿐, 해답을 내어놓는 자리는 결코 아닙니다. 저는 단지 이 책을 통해 개진하는 주장과 제시된 사례들이 독자 한 분 한 분의 마음속에 진지한 고민을 촉발시키기를 소망할 뿐입니다.

차 례

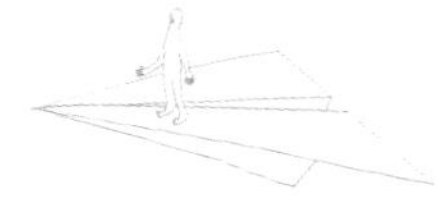

1장 무엇이 우리의 '의무'가 되는 걸까?

2장 사람은 수단이나 도구가 아니야

3장 의무 vs. 권리, 떼어 놓을 수 없는 밀접한 관계

4장 투표하는 것만이 민주주의의 전부일까?

5장 사회의 '정의로움'은 어떻게 판단해야 할까?

6장 공동체, 그 경계에 선 사람들을 위하여

7장 왜 우리는 의무를 지켜야 하지?

무엇이
우리의 '의무'가
되는 걸까?

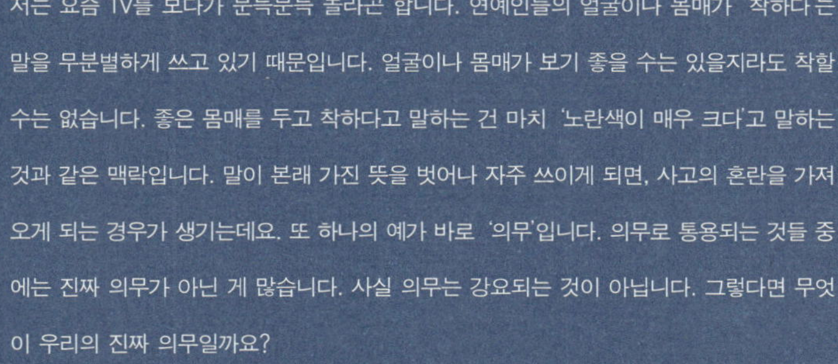

저는 요즘 TV를 보다가 문득문득 놀라곤 합니다. 연예인들의 얼굴이나 몸매가 '착하다'는 말을 무분별하게 쓰고 있기 때문입니다. 얼굴이나 몸매가 보기 좋을 수는 있을지라도 착할 수는 없습니다. 좋은 몸매를 두고 착하다고 말하는 건 마치 '노란색이 매우 크다'고 말하는 것과 같은 맥락입니다. 말이 본래 가진 뜻을 벗어나 자주 쓰이게 되면, 사고의 혼란을 가져오게 되는 경우가 생기는데요. 또 하나의 예가 바로 '의무'입니다. 의무로 통용되는 것들 중에는 진짜 의무가 아닌 게 많습니다. 사실 의무는 강요되는 것이 아닙니다. 그렇다면 무엇이 우리의 진짜 의무일까요?

우리가 의무라고 부르는 것

우리 사회에서 일어나는 많은 일들은 '의무'라는 이름 아래 이야기됩니다. 그러나 어떤 일에 의무라는 말이 붙는다고 해서 그것이 정말 의무가 되는 것은 아닙니다. 말은 때때로 본질을 벗어나 우리의 생각을 어지럽히기 때문이지요.

저는 요즘 TV를 보다가 문득문득 놀라곤 합니다. 연예인들의 얼굴이나 몸매가 '착하다'는 말을 무분별하게 쓰고 있기 때문입니다. 얼굴이나 몸매가 보기 좋을 수는 있을지라도 착할 수는 없습니다. '착하다'는 표현은 자신의 이익을 양보하면서 다른 사람을 돌보는 마음을 뜻하는 것으로 도덕적인 평가를 전제로 합니다. 한데 잘생기고 잘생기지 않고는 도덕적 평가와는 무관하지요.

좋은 몸매를 두고 착하다고 말하는 건 마치 '노란색이 매우 크다'고 말하는 것과 같은 맥락입니다. 그럼에도 불구하고 우리 사회에서는 누구누구는 참 착하다는 말이 '누구누구는 얼굴이 잘생기고 몸매가 좋다'는 뜻으로 곧잘 해석됩니다. 사실 이로 인해 큰 혼란을 느끼는 사람은 많지 않을 것입니다. 여기서 쓰이는 '착하다'는 말이 도덕적 평가가 아님을 이미 알고 있기 때문이지요. 그러나 말이 본래 가진 뜻을 벗어나 자주 쓰이게 되면, 왕왕 사고의 혼란을 가져옵니다.

그 한 가지 예가 바로 '공부'입니다. 우리 사회에서 학생들은 시험 준비를 '시험 준비'라 부르지 못하고 '공부'라 부르는 처지에 놓여 있습니다. '책 보지 말고 공부해라'라는 말이 난센스가 아니라 꽤 진지한 충고로 이해됩니다. 이런 경우는 단순하지가 않습니다. 시험 준비라는 말이 공부로 바뀐 것에 그치지 않고 공부에 대한 우리의 자세를 크게 흔들어 놓습니다. 시험 준비에 도움 되지 않는 책은 읽지 않고, 퀴즈풀이 형식으로 된 지식이 아니면 습득하지 않는 것이죠. 그 결과, 삶을 살아가면서 끊임없이 질문을 던지고 옛것의 바탕 위에 새로이 답을 구하는 탐구의 과정을 경험하지 못하게 됩니다.

또 한 가지 예는 '의무'입니다. 지금 우리 사회에서 이야기되는 의무의 대부분은 심각하게 오염되어 있습니다. 의무가 아닌 것들이 의무의 언어로 통용되고 있기 때문입니다. 의무란 본질적으로 '나의 의지나 판단과는 상관없이 상황상 할 수밖에 없는 것'으로 파악됩니다. 그래서일까요? 우리 사회에서 의무에 대해 이야기한다는 것은 가슴 답답한 소리를 하는 모양새가 되었습니다. 자유롭지 않은 상황을 강요하고 자율적인 판단을 빼앗는 괴물로 의무를 여기게 된 것이죠. 따라서 자유로운 상태란 '의무가 없는 상태'를 뜻한다고 생각하는 경우가 많습니다. 누군가는, 이런 상황이 마음 편하지는 않지만 원래 의무란 그런 것이라고 주장합니다. 다음과 같은 이야기를 덧붙이면서 말이죠.

"인간은 본성상 자신에게 이익이 되는 일을 추구하기 마련이야. 그런데 누구나 자기 이익을 제한 없이 추구하다 보면 오히려 자기 이익에 반하는 상황이 생기지. 좋은 물건을 갖고 싶다고 모두들 남의 물건을 함부로 훔치면 어떻게 되겠어? 소유권에 대한 개념이 사회에 확립이 안 되어서 제대로 살아가기 힘들어질 거야. 이럴 때 규칙이 없는 것보다 있는 편이 더 낫지 않겠어?"

위와 같은 관점에서 생각하는 의무란, 무엇보다 자기 이익에 기초한 것입니다. 자신이 누릴 수 있는 이익을 관철시키기 위해 사회적 규칙인 의무를 따르는 게 맞다고 판단하는 것이죠. 이러한 관점대로라면 따로 의무에 대해 고민할 필요가 없습니다. 사회적인 의무를 수행하는 것과 자신의 이익을 최대한 합리적으로 취하는 것을 동일한 의미로 해석하기 때문입니다. 일시적인 충동과 섣부른 판단을 배제하고, 자신에게 장기적으로 가장 큰 이익이 될 게 무엇인지만 따져 보면 되는 거죠.

어떤 면에서는 충분한 설득력을 갖는 것도 사실입니다. 모든 사람이 자기 방식대로 이익을 추구하기 급급하다면 사회가 무너지고 모두에게 불행한 결과를 초래할 테니 이를 막기 위해 법이나 도덕 같은 의무 체계가 형성되었다는 생각이니까요. 하지만 과연 이러한 견해는 우리가 '의무'라고 부르는 것의 본질을 제대로 짚고 있을까요? 의무에 관한 민감한 문제가 제기되었을 때 누구나 납득할 수 있는 해답이 될 수 있을까요?

이익 추구를 위해 따르는 건 의무가 아니야

2010년의 대한민국, 평범한 고등학생 동건이가 컴퓨터 게임을 하고 있는데 마침 방에 들어온 아버지에게 딱 걸렸습니다. 아버지는 대뜸 "이놈! 학생의 의무는 최선을 다해 공부하는 것이다. 쓸데없는 짓 하지 말고 어서 공부나 해라"라고 혼을 내셨습니다. 그러자 동건이가 아버지 장씨에게 묻습니다.

> 동건 : 아버지. 왜 만날 저더러 공부만 하라고 해요? 왜 최선을 다해
>   공부(시험 준비)해야 하는 건데요?
> 장씨 : 왜긴 왜야! 니가 학생이기 때문이지.

동건 : 그럼 아버지는 직장인인데 왜 회사 일에 최선을 다하지 않고 TV를 봤어요?

장씨 : 인마, 나는 할 만큼 했다. 매달 월급을 받아 와서 너랑 네 엄마를 먹여 살리잖느냐.

동건 : 저도 매달 성적표를 받아 와서 아버지랑 어머니께 보여 드리잖아요! 이 정도 성적이면 웬만한 4년제 대학교는 갈 수 있단 말이에요. 이게 저의 최선이에요.

장씨 : 웬만한 4년제? 허허, 이렇게 세상을 모르다니! 고등학교 생활은 인생에 한 번뿐이다. 너보다 공부 잘하는 애들은 수두룩해. 1등이 되지 않고는 최선을 다했다고 이야기할 수 없다.

동건 : 휴… 결국 가장 높은 성적을 받아야 학생으로서의 의무가 완성되겠네요. 근데 아버지, 동일한 논리로 보자면 아버지도 CEO가 되지 않고서는 직장인으로서 최선을 다했다고 이야기할 수 없겠네요?

장씨 : 네 이 녀석! 머리 좀 컸다고 어른이 말하는데 말대꾸나 하고! 동건이 너는 아직 인생을 모른다. 학창시절이 얼마나 중요한 시기인지 몰라서 그래.

동건 : 그럼 말하자면 이런 건가요? 학생이나 직장인이기 때문에 무조건 그 일에 최선을 다하는 게 아니라… 인생을 길게 보고 장기적인 이익을 생각했을 때 학창시절이 가장 중요한 시기니까… 그 어느 때보다 특별히 최선을 다해야 하는 의무가 있다

장씨 : 그렇다.

동건 : 이익을 추구할 때 필요한 게 무엇인지 가르쳐 주는 것이 의무라는 거죠?

장씨 : 이제야 말이 좀 통하는구나.

동건 : 그렇다면 아버지께 필히 드릴 말씀이 있어요. 제가 의무를 다하기 위해서 반드시 필요한 건데요. 친구 형이 아무도 모르게 '나노 음성수신기'라는 걸 발명했대요. 이걸 귓속에 내밀하게 장착하면 시험 정답을 알아낼 수 있어요. 다만… 가격이 좀 센 게 문제예요. 2천만 원이나 하거든요. 비싸긴 하지만, 그래도 저를 위한 일이니까 사 주실 거죠?

장씨 : 안 된다. 스스로 공부해서 결과를 얻어야지, 그런 술수는 안 돼.

동건 : 학생의 의무는 공부이고, 공부의 완성은 '1등' 해서 높은 성적을 내는 거라면서요. 제가 아무리 공부해 봤자 그 수신기로 얻을 점수에 비하면 고래 밑의 새우처럼 하잘 것 없다고요. 방금 전에 최선을 다해 의무에 임하라고 아빠가 그랬잖아요. 그럼, 가장 큰 이익을 얻을 수 있는 이 길을 회피하는 건 의무를 회피하는 거나 마찬가지 아니에요?

장씨 : 그런 짓을 하면 결국 걸리게 되어 있어.

동건 : 절대로 그런 일은 없을 거예요. 이 수신기는 보통의 전자 기기와 달라서 완전히 감쪽같이 귀에 장착되더라고요. 단백질 조직

무엇이 우리의 '의무'가 되는 걸까?

으로 이루어져서, 그걸 끼고 있다는 걸 아무도 알아보지 못해요.

장씨 : 그래도 그런 식의 부정행위가 사회에 만연하면 질서가 무너질
　　　게 뻔해. 너도 손해를 보게 될 거다. 너도나도 그렇게 쉽게 대
　　　학을 가면 누가 그 대학 졸업장을 진지하게 생각하겠나?

동건 : 아버지, 많은 사람들이 부당한 방법을 쓰게 될 경우에 사회 질
　　　서가 무너지고 신뢰를 잃게 된다는 말씀에는 저도 동감을 해
　　　요. 그러나 그건 다같이 부정행위를 할 때만 그런 거고요. 친구
　　　형은 이 수신기를 상업적으로 다룰 생각이 전혀 없어요. 이렇
　　　게 쓰는 건 이번 딱 한 번뿐이에요. 다른 사람들은 아무도 이
　　　방법을 쓰지 못해요. 제가 이걸 사용한다고 해서 시험 제도나
　　　사회가 무너지는 일은 절대 생기지 않아요. 맹세해요, 아버지.

장씨 : 음… 너와 네 친구 외에는 아무도 못 쓴다는 게 확실한 거지?
　　　사회에 아무런 영향도 끼치지 않고. 그렇다면 우리가 살아가
　　　는 데도 아무런 불편이 없겠구나. 그래, 좋다. 필요한 돈을 마
　　　련해 주마.

어떠세요? "참으로 별난 아버지와 아들이군!" 하고 그냥 웃고 넘
기기에는 생각할 거리가 많은 이야기입니다.

장씨는, '자신의 장기적인 이익을 달성할 수 있는 계획을 합리적
으로 따르는 것'으로 의무를 이해하고 살아온 사람입니다. 장씨는
아들 동건이가 부정행위를 하겠다는 말을 듣고 처음에는 깜짝 놀라

펄쩍 뜁니다. 옳지 않은 방법인데다 합리적이지도 않다고 생각했기 때문이었지요. 그러나 그것이 다른 사람의 행동에 파급력을 갖지 않고 절대 걸리지도 않는다고 하니 생각이 바뀝니다. 이익과 의무가 대치되지 않음을 알게 되자, 높은 성적을 낼 수 있는 이익을 달성하기 위해 부정행위를 해도 괜찮겠다는 결론을 내린 것입니다.

- 처벌을 받지 않기 위해서 법을 준수해야 한다.
- 좋은 이미지를 쌓으면 보다 많은 이윤이 창출되므로 우리 회사는 자선 단체에 기부를 해야 한다.
- 윗사람 말을 따르는 것이 다른 무엇보다 회사 생활의 우선이다. 승진하려면 나에게 해가 되지 않는 범위 안에서 눈치를 살펴야 한다.
- 기브 앤 테이크! 어려울 때 도움받으려면 평소 친구들한테 잘하자. 선물도 주고, 어려울 때에도 돕고, 각종 경조사 참여는 기본이다.
- 아이들을 잘 교육하는 것이 부모의 최우선 의무다. 그래야 나중에 제대로 된 부양을 받을 수 있고 동창회 나가서 친구들한테도 안 꿀린다.

위의 예시들 또한 어떠한 의무가 자신에게 도움이 되는지를 헤아리며 행동하는 태도를 나타내고 있습니다. 동건이와 아버지 장씨는 신뢰할 수 있는 규칙과 질서가 있어야 사회가 제대로 돌아간다는 점을 잘 알고 있습니다. '멍청하고 근시안적인 이익'을 추구하는 함정에 결코 빠져들지 않지요. 우리는 동건이가 아버지에게 부탁하

기 전에 이미 자신의 행동이 사회에 어떤 영향을 미치게 될지 진지하게 고민했음을 주목해야 합니다. 물론 여기서 말하는 '영향'이라는 것은 '내가 누릴 수 있는 장기적인 이익'이라는 관점에만 국한된 것이었지만요. 따라서 합리적 타산의 관점에서 볼 때, 의무는 이익 추구를 위해 잠정적으로 따르는 규칙에 불과합니다.

이때 '나의 의무는 무엇일까'라는 물음은 '어떻게 하면 소득을 더 많이 올릴 수 있을까' 하는 식의 고민과 같은 차원에 놓입니다. 어떤 사람이 '아침형 인간이 되겠다'는 생활 규칙을 정했다고 가정해 보죠. 몇 개월 실천해 보았더니 오히려 낮에 졸음이 쏟아져서 집중력이 떨어지고 예전만큼 일에 집중을 못합니다. 결국 이 사람은 '나 같은 사람은 저녁형 인간에 가까운 듯하군. 나에게 잘 맞는 방식으로 생활해야겠어'라고 판단한 뒤 새로운 생활 규칙을 정하게 됩니다. 합리적 타산에 의해 의무를 따져 보는 관점에서는 사회의 규칙도 이와 마찬가지로 받아들입니다. 아침형 인간을 할까 저녁형 인간을 할까 정하는 것처럼 의무 역시 삶에 도움이 되는 선에서 결정하는 것이죠.

노예가 존재했던 과거 사회를 예로 들어 봅시다. 왜 갑자기 생뚱맞게 노예 사회를 말하느냐고요? 노예 사회는 정의롭지 않다고 생각되는 대표적인 사회이지요. 어떤 것을 의무로 판단하는 기준과 이유가 노예 사회의 그것과 동일하다면, 무언가 본질적으로 잘못되었음을 알 수 있기 때문입니다.

　노예 관리에 암묵적인 규칙이 정해져 있어 사회가 매우 안정적으로 돌아간다고 칩시다. 그러던 어느 날, '지금의 규칙은 너무 관대해. 노예들이 제대로 말을 듣지 않아'라고 생각하는 노예주가 나타납니다. 그는 노예가 명령을 안 들었을 때 기존 규칙에 비해 중한 벌을 가하기 시작합니다. 이 방법이 효과가 좋으니까 다른 노예주들도 그를 따라 노예에게 가혹한 벌을 내립니다. 이는 점차 새로운 기준이 되어 갑니다. 규칙은 보다 엄격하고 무서워졌고 노예들은 이전보다 더 열심히 일하게 되었습니다. 노예주들의 세력이 워낙 강해서 노예들은 감히 반항할 꿈도 꾸지 못합니다. 결국 제일 처음 기존 규칙에 어긋난 행동을 한 노예주는, 장기적으로 자신에게 이익이 되는 안정적인 규칙을 만드는 첫발을 내딛은 셈이 되어 버렸습니다. 그렇게 만들어진 규칙은 훗날 '법'이라는 이름으로 불릴 것이고, 사람들은 '의무'에 의해 법을 지키게 되겠지요.

　결국 합리적 타산을 우선적으로 생각하는 입장에서는, '각자가 지금 위치에서 협상해서 나오는 규칙으로 일을 처리하면 된다'는 답을 내어 놓습니다. 여기서 말하는 협상은, 서로 자신에게 최대한 유리한 결과를 내려고 흥정한다는 것을 의미합니다. 노예주와 노예, 부자와 가난한 자, 권력이 많은 자와 권력이 없는 자⋯. 우리는 협상을 시작하는 특정한 위치를 전제할 수밖에 없고, 상대적으로 볼 때 그 위치가 유리하다면 결과 또한 유리할 가능성이 높겠지요.

강제성을 지닌 모든 게
의무는 아니야

그러나 정말로 이것이 우리가 "의무란 무엇인가?"라고 진지하게 고민할 때 구하는 답일까요? 우리가 그 질문을 할 때에는 도덕적인 무게를 느낍니다. 그 질문은, "힘이 강하고 약한 사람들이 서로 협상하고 타협할 지점이 어디일까?"와 동일한 의미의 질문이라고 쉽사리 생각되지 않습니다.

여기서 고민을 멈추고, "뭘 그리 복잡하게 생각해. 이유야 어쨌든 법은 지키는 게 당연한 의무지"라고 말하는 사람도 있겠지요. 그러나 지키지 않으면 처벌을 받기 때문에 법을 지키는 것이 근본적인 의무라는 태도는 순환 논리입니다. "그러니까 내 말은, 애초에 왜 그런 법을 만들었냐고"라는 질문에 제대로 답할 수 없기 때문이지요. "아, 그거야… 이미 그런 법이 만들어져 있었으니까"라고 답할 수는 없지 않겠습니까.

법의 강제성으로 의무의 본질을 설명할 수는 없습니다. 강제성을 지닌 다른 종류의 규칙들도 마찬가지입니다. 법은 강제력의 대표 형식인데 대표 주자가 본질을 설명할 수 없는 마당에 다른 주자들이 이를 설명할 수 있을 리 만무하지요. '강제'는 힘 있는 사회나 사람이, 힘이 없는 사회나 사람의 의지에 반해 무언가 시키는 것을 의미하므로 그 자체로는 의무의 어떤 내용도 규정하지 못합니다.

　그런데 만일 강제가 그 자체만으로도 의무를 규정할 수 있다면 사회는 어떻게 될까요? 'A를 꼭 해야 한다'는 주장에 A 대신 B, C, D, 심지어 Z까지 끼워 넣을 수 있고, '무엇'이 '왜' 들어가느냐에 대해서는 전혀 상관하지 않는다면 어떻겠습니까. 이런 경우 의무를 파악하는 일은 무작위적인 룰렛 놀이에 지나지 않을 것입니다. '힘'이라는 공이 어디에서 어디로 떨어지는지 지켜보는 것뿐이니까요.

　무엇을 해야 한다는 어떤 명제에 '힘'이 붙었다는 것은 사실 '똥'이 붙었다는 것과 별반 차이가 없습니다. 동건이가 나노 테크놀로지를 이용한 수신기를 사용할 수 있게 된 것, 노예주가 노예가 아닌 주인으로 태어난 것은 어떤 상황에 작용하는 하나의 힘을 소유했다는 데 불과합니다. 운이 좋아 힘을 가지게 된 경우와 운이 나빠 힘을 가지지 못한 경우를 두고, 각각의 처지에 따라 의무가 다르게 결정된다면 지나가던 개도 웃을 상황인 셈입니다. 코가 오똑한 사람이 힘을 갖는 사회가 있다고 가정해 보죠. 얼마 전 이 사회에서는 오똑한 코를 가진 사람들에게 세금을 10% 감면해 주는 법이 통과되었습니다. 다른 사람들은 단지 코가 오똑하게 생기지 않았기 때문에 세금을 10% 더 내야 하는 불리한 상황에 처했습니다.

　정치 공동체 안에서 제대로 된 의무가 결정되면 그중 핵심적인 내용이 잘 지켜질 수 있도록 정당한 힘, 즉 법으로 강제성을 부여하는 게 순서입니다. 그런데 의무에 대해 심층적으로 재고하지 않고 우선적인 힘에 의해 그 내용을 결정한다면, 이는 순서가 완전히 거꾸로 되는 셈입니다.

　윤리학에서는 사실에서 규범을 간단히 도출하는 것을 '자연주의의 오류'라고 합니다. 자연주의의 오류는 사실 판단과 가치 판단을 혼동하는 데에서 비롯되는 것입니다. '나는 잘생겼다'는 사실로부터 '나는 특별히 존중받을 권리가 있다'는 규범을 도출할 수는 없습니다. '영철이는 재능이 있다'는 사실로부터 '영철이한테는 다른 사람보다 돈을 많이 주어야 한다'는 규범이 자동적으로 도출되지 않습니다. 마찬가지로 '지금 이 사람은 힘 있는 위치에 있다'는 사실로부터 '그 사람에게 더 유리한 이득을 주어라'라는 규범을 도출할 수 없습니다.

합리적이라 생각하는 이익을 넘어,
외부의 강제를 넘어,
보다 근본적인 의무에 도달하기

　무엇이 자신에게 더 도움이 되는지를 따져 의무를 받아들이는 합리적 타산의 관점은 결국 '힘에게 힘을 주어라'라는 공허한 순환 논리로 봉착하였습니다. 앞서도 말했듯이, 의무에 대한 도덕적인 고민의 깊이를 헤아리지 못했기 때문이지요.

　'이것이 의무인가?'라는 물음을 던지는 사람은 고작 이런 순환

무엇이 우리의 '의무'가 되는 걸까?

논리가 필요해서, 혹은 지금 '힘이 있는 자가 누굴까?' 하는 게 궁금해서 고민에 빠지지 않습니다. 그 물음을 던지는 사람은, 최소한 해서는 안 되는 '악한 일'을 하지 않으려는 것이고 나아가 꼭 해야 하는 '선한 일'을 못하게 될까 봐 염려하는 것입니다.

다른 이익 때문이 아니라 바로 이런 마음 때문에 의무를 궁금해하고 자발적으로 따르려는 의지를 '선한 의지'라고 합니다. 세상에는 좋은 것, 선한 것이 많이 있습니다. 그러나 대부분은 조건적 가치만 가질 뿐이지요. 실패와 반대를 두려워하지 않는 강인한 성품은 좋은 것이지만, 권력이 센 정치가가 가지게 될 경우에는 그 가치가 줄어들겠지요. 뛰어난 지능 역시 부러워할 만큼 좋은 것이지만, 전문 절도범이 그러한 지능을 가졌을 때에는 가치가 사라집니다. 누구에게 속하느냐, 어떤 목적으로 사용하느냐에 따라 근본적인 가치가 감소하거나 많아지거나 아예 없어질 수 있습니다. 그래서 '조건적'입니다.

반면에 권력이 탄압하는 무고한 사람이 처벌받아서는 안 된다는 생각에, 핍박을 받으면서도 진실을 말하려는 '선한 의지'는 어떨까요. 이때는 그가 정치가이건, 절도범이건, 테러리스트건 상관없습니다. 설사 상황이 너무 엄혹해서 진실이 통하지 않았더라도 그러한 행동은 자체만으로도 존경심을 불러일으킵니다. 다른 모든 조건들을 다 털어 낸 마지막 순간까지 남아 보석 같은 빛을 냅니다. 선한 일을 행하려고 하는 이 의지는, 다른 조건에 관계없이 '절대적'

가치를 가집니다.

'의무란 무엇인가'라는 물음은, 바로 이러한 절대적 가치를 갖는 선한 의지를 움직이는 준칙을 찾는 것입니다. 독일의 철학자 칸트는 이런 준칙을 '정언명령'이라 불렀습니다. 정언명령을 따를 때 우리는 선한 의지 외에 다른 목적을 갖지 않습니다. 반면에 '데이트 상대에게 좋은 인상을 주기 위해 생글생글 웃는다'는 것은 데이트 상대가 마음에 들지 않으면 의미가 없습니다. 이처럼 우연한 목적과 여건에 따라 달라지는 준칙을 칸트는 '가언명령'이라고 불렀습니다. 가언명령은 정언명령의 반대 개념입니다. 칸트에 따르면, 아래와 같은 준칙들은 가언명령에 지나지 않습니다.

- 들킬 것 같으면 부정행위를 하지 말아야 되지만, 그렇지 않다면 부정행위를 해도 된다.
- 나는 백인이기 때문에 인종차별을 지지할 수 있다.
- 노예에게 많은 이익을 뽑아내기 위해서는 더 가혹한 벌을 가해야 한다.

합리적 타산이 시키는 바는 오직 목적을 이루기 위한 방법으로만 기능합니다. 이익을 만들어 내는 조건이 바뀌면 행하는 바도 달라집니다. 동건이와 장씨는 '부정행위를 해서는 안 된다'는 준칙을 '가언명령'으로 받아들였습니다. 응시 자격을 박탈당하고 처벌받을지 모른다는 걱정이 사라지고 무질서의 해악이 부메랑처럼 돌아올지 모른다는 두려움이 사라지자, 그들은 부정행위를 하는 것이 '더 나은' 행위라고 판단했습니다. 아무런 해를 입지 않으면서 이익을 추구할 수 있기 때문이었죠. 우리는 이러한 사람들을 두고 선한 의지에 따라 행동하는 사람이라 말하지 않습니다. 오히려 악한 의지에 따라 행동하는 사람이라 생각하는 경우가 많겠지요.

그렇다면 선한 의지를 움직이게 하는 의무의 본질은 대체 어디에 있는 것일까요? 선한 의지가 그 자체로서 절대적인 가치를 갖는다는 점에 힌트를 얻어 생각해 보죠. 모든 사람은 쓸모와 관계없이 각각의 소중한 의미를 지닌 존재로 동등하게 대우한다는 것이 그 출발점입니다. 이것이 바로 우리가 다음 장에서 본격적으로 탐구할 문제입니다.

2장

사람은
수단이나 도구가 아니야

모든 사람은 '관계'를 맺고 살아갑니다. 내가 나일 수 있는 것은 타인과의 관계를 통해 정의되기도 하지요. 의무 역시 타자와의 관계를 전제로 합니다. 따라서 사람과 사람, 사람과 사회가 서로를 어떻게 대할 것이냐의 문제가 무엇보다 중요하지요. 자본주의 사회에서 간과되는 것은 사람의 존재 가치입니다. 자신에게 이익이 되면 교묘히 이용하고 해가 되면 외면합니다. 노골적이지 않아서 더 무서운 사회의 구조는 힘없는 사람들을 수단으로 이용하고 있습니다. 평등한 배려와 존중을 바탕으로 더불어 살아가는 사회를 이루기 위한 방법을 함께 생각해 봅시다.

독단으로 의무를 판단하지 않으려면?

앞서 우리는 의무의 기초에 대해 살펴보았습니다. 사람을 쓸모에 따라 평가할 수 있는 수단이 아니라, 그 자체로 가치를 갖는 목적적 존재로 동등하게 대우하는 것이 의무의 기초가 된다고 했지요. 이를 줄여서 말하면, '다른 사람을 수단이 아니라 목적으로 대우하라'라고 설명할 수 있습니다. 그런데 이 말을 의미 그대로 이해하기는 아직 어려울지도 모릅니다. '왜 그게 의무의 기초가 되어야 하지?'라는 의문이 나오는 게 당연합니다. 따라서 이에 대해 좀 더 생각을 해 보려고 합니다.

일상생활에서 우리가 의무를 생각하는 상황을 떠올려 봅시다. 예를 들어 불량 컴퓨터를 중고 시장에 팔아서 이득을 챙기려는 사람에게 "심각한 고장이 자꾸 나는 컴퓨터인데 그 사실을 숨기고 중고 시장에 팔아서는 안 돼"라고 말하는 사람이 있다고 치죠. 이때 상대방은 자신의 행동을 자각하지 못하고 "왜 그런데?" 하고 오히려 당당하게 묻습니다. 그러면 "컴퓨터 고장을 숨기는 건 거짓말이고, 다른 사람을 속여서 이득을 얻으면 안 되니까"라고 대답을 할 수 있습니다. 그런데 상대방이 자꾸 왜 그런지 집요하게 묻는다고 가정해 보지요.

> A : 왜? 거짓말해서 좀 손실 입히면 어때?
>
> B : 누구나 자유롭게 약속을 하고, 그 약속을 믿고 세운 계획을 추진할 권리가 있어. 근데 너가 그 권리를 침해하니까 안 돼.
>
> A : 왜 그런 권리를 침해하면 안 되는데? 내 맘대로 하는데 무슨 상관이야?
>
> B : 넌 좋지 않은 행동을 하면서도 아주 당연하게 너의 권리를 누리려고 하면서, 정작 다른 사람의 권리는 박탈하려고 하고 있잖아. 이건 불평등한 대우니까 안 된다고.
>
> A : 불평등하게 대우하는 것이 왜 의무에 위배되는데?
>
> B : 사람의 권리를 불평등하게 대하는 것은 그 사람을 목적이 아니라 수단으로 대우하는 것이기 때문이야.

옛날에는 세상이 둥글지 않고 평평하다고 믿는 사람들이 있었습니다. 평평한 세상이 그냥 공중에 붕 떠 있을 수는 없기 때문에 거

대한 거북이가 지구의 밑을 받치고 있다고 생각했지요. 그런데 그 거북이도 공중에 붕 떠 있을 수 없으니까, 그 밑에 또 거북이가 있다고 생각했지요. 그 거북이도 공중에 있을 수는 없으니까 그 밑에 다른 거북이가 있다고 믿었습니다. 그 아래 거북이도, 그 아래 아래의 거북이도… .

이런 식으로 가서는 거북이 수억 마리가 등장한다고 해도 도저히 만족할 만한 상황이 나오지 않겠지요. 끝도 없이 '왜'냐고 묻는 것도 이와 마찬가지입니다. 의무의 기초를 찾는 이성적 탐구는 형식적으로 '왜?'라는 질문만 계속 던지는 것이 다가 아닙니다. 의무에 대해 고민할 상황을 자세히 들여다보면, 의무의 기초가 되는 원칙을 찾을 수 있게 됩니다.

우리는 다른 사람과 관계를 맺고, 협력하면서 살아갑니다. 사람들에게는 공통된 욕구가 많고, 힘을 합치면 혼자서는 할 수 없는 일도 이룰 수 있어서 큰 이득을 얻게 되지요. 반면 사람들은 저마다 인생관이 다르고, 서로 다른 욕구도 많고, 가능하면 자신이 더 큰 몫을 가지려고도 합니다. 자원은 한정되어 있기 때문에 모든 요구를 다 들어 줄 수 없는 노릇입니다. 따라서 이를 조정해 줄 원칙이 필요합니다. 물론 이 원칙은 힘 있는 사람들이나 특별한 사람들의 이익을 위해 만들어진 게 아닙니다. 고집이나 이기심, 편협한 마음에 휘둘리지 않고 옳다고 깊이 확신하는 바에 잘 들어맞도록 공정하게 만들어진 원칙이지요. 그렇게 만들어진 원칙을 지키는 일이 바로 의무입니다. 사람을 도구나 수단이 아니라 목적으로 대우하라는 말은 '옳은' 원칙들이 모순되지 않고 서로 지지해 주며 수렴하는 지점을 표현한 것이라고 볼 수 있습니다. 이제, 이 원칙이 그런 지점이 되는 이유를 구체적으로 살펴볼까요?

오해 금지! 사람은 도구가 아니야

첫째로, 사람을 도구로 대하는 태도는 이익을 의무로 혼동할 위험이 높습니다. 사람을 도구로 대한다는 것이 정확히 어떤 의미냐고요? 지도에 표시되지 않은 외딴 무인도에 홀로 표류하게 되었다고 생각해 보면 그 의미가 명확해질 것입니다. 구출될 때까지 홀로 섬에서 살아가야 한다고 가정해 보죠. 이때 돌멩이와 동굴을 어떻게 대하게 될까요? 생존에 가장 밀접한 영향을 끼치는 요소로 받아들이겠지요. 석기로 만들기에 적당하지 않은 돌멩이라면 무관심할 테고, 동굴에 벌레가 너무 많아 잠을 잘 수 없다면 실컷 욕을 퍼붓고 나와서 따로 움막을 지을지도 모릅니다.

사람을 도구로 대한다는 것은, 합리적인 타산을 추구하고자 할 때 이 사람은 도움이 되지만 저 사람은 도움이 안 된다는 식이지요. 개인의 삶뿐만 아니라 집단의 삶에서도 마찬가지입니다. 집단 내 다수가 잘 살아가는 일에 소수가 쓸모가 없으면 함부로 대하는 것이지요. 이런 경우도 있을 수 있습니다. 힘을 가진 사람이 이런저런 일을 시켜서 정해진 시간 안에 그것을 해야 하는데 자꾸 방해가 되는 사람이 생깁니다. 그러면 방해되는 사람이 얼마만큼의 힘을 가지고 있는지 살펴봅니다. 만일 그가 자신보다 힘이 약하다면 철저히 무시하게 됩니다. 이 모두가 무인도에서 사물을 대하는 태도 그대로 사람을 대하는 것이어서 의무의 원칙에 들어맞지 않는 것입니다.

둘째로, 사람을 도구가 아닌 목적을 지닌 존재로 대우하는 태도는 의무의 보편성과 일치합니다. 왜 의무는 보편적이어야 할까요? '의무가 필요한 상황이란 어떤 상황인가'를 떠올려 보면 간단합니다. 사람들은 의무를 따름으로써, 서로 다른 요구와 갈등을 조정할 수 있어야 합니다. 이때 의무가 보편적으로 적용되지 않는다면, 갈등과 요구를 조정하는 기능을 아예 해낼 수가 없을 것입니다. 사람마다 달리 부여하는 쓸모나 애착에 따라 적용되었다가 되지 않았다가 할 테니까요. 아래의 주장들을 살펴볼까요?

- 잘생긴 사람은 그렇지 않은 사람에 비해 두 배 이상의 가치를 가진다고 생각한다. 따라서 대한민국은, 나의 달링 아이돌 가수를 군대에 보내지 말고 차라리 못생긴 오크남들을 두 번 입대하게 해라. 이것이 일반인의 의무이자 대한민국의 의무다.

- 예술가는 특별 대우를 받아야 한다. 예술이야말로 인간이 성취할 수 있

는 가장 심오한 가치의 것이다. 예술에 대한 생각 없이 먹고 싸기만 하는 사람들은 그 수가 아무리 많아도 사회 발전에 쓸모가 없다. 따라서 복지 제도 마련에 돈을 쓰느니 예술가에게 전격 지원을 해야 한다.

- 나는 규칙이 무너지는 것을 절대로 참을 수 없다. 규칙이야말로 사회의 근간이고 제일의 가치다. 규칙을 잘 지키는 모범생은 빛과 소금 같은 존재요, 규칙을 무너뜨리는 날라리는 사회를 좀먹는 바이러스다. 빛과 소금의 존재가 바이러스에 오염되지 않도록, 날라리를 격리시키고 퇴학시켜야 한다.

위에 제시된 주장들의 공통점은 무엇일까요? 그것은 바로 어떤 사람이 갖고 있는 특성에 따라 본질적 가치를 단정 지었다는 것입니다. 그에 따라 기본적인 의무가 불평등하게 할당되는 것을 당연하게 생각하고 있고요. 이렇게 도덕적인 관점에서 자의적인 특성들은 의무를 판단하는 데 개입되지 않아야 합니다.

셋째로, 목적으로서의 대우는 인간의 삶이 가치 있기 위해 꼭 필요한 능력을 존중합니다. 어떤 이가 잠재적인 능력과 가능성을 온전하게 발휘했을 때 우리는 그 사람이 성공적인 삶을 살았다고 생각합니다. 반면 어떤 이가 자신의 능력을 제대로 발휘하지 못했을 때는 운이 나쁘거나 세월을 헛되이 낭비했다고 생각할 수도 있습니다. 여기서, 한 사람의 성공과 실패를 판단하는 기준에 대해 곰곰이 생각할 필요가 있습니다.

〈아이 엠 샘I am Sam〉이라는 영화에 보면 6세 정도의 지능을 지닌 성인 남자가 나옵니다. 그의 이름은 '샘'입니다. 샘은 친자가 아닌 아이를 아낌없이 사랑하고 보살펴 키우고 있습니다. 능력을 최대한 발휘해서 커피숍에서 아르바이트하는 등 책임감 있고 훌륭하게 인생을 꾸려 나갑니다.

그의 삶이 감동을 주는 이유는 샘 같은 사람이 많은 이들에게 이득이 될 것이라고 생각하기 때문이 아닙니다. 그런 식으로 생각한다면, 알고 보니 샘이 귓속에 사는 귀뚜라미가 불러 주는 대로 세뇌되어 행동했다는 것을 알았을 때에도 여전히 감동을 받을 테니까요. 우리는 그가 자발적으로 삶을 살아가기 때문에 감동을 받습니다. 인간은 스스로 목적을 세우고 실천하는 능력을 갖춘 존재이고, 의무의 기초는 이 능력을 오롯이 존중해 주어야 합니다.

사람을 목적으로 대우한다는 의미

앞서 저는 '의무의 기초는 보편적인 기준 아래 사람을 목적으로 대우하는 것이다'라는 이야기를 드렸습니다. 그렇다면 이제는 여러분께 새로운 질문을 던지려 합니다. 바로, 사람을 목적으로 대우한다는 게 무엇인지에 대한 근본적 물음이지요.

'목적'이라는 어감이 다소 거창하게 느껴지기 때문에 알쏭달쏭할 수도 있겠네요. 이는 마치 다른 사람들로부터 이익을 얻으려고 해서는 안 된다거나 언제나 전인격적인 관계를 맺어야 한다는 요구로 오해될 수 있습니다. 이런 오해를 피하고 이해하기 쉽도록 이야기를 하나 해 드리겠습니다.

춘향과 몽룡의 러브 스토리야 다들 아시겠지요? 그 이야기를 현대식으로 조금 바꿔 보겠습니다. 햇살 좋은 어느 오후, 길을 걷던 몽룡은 춘향을 보고 그만 첫눈에 '뿅' 가 버립니다. 사랑에 빠진 것이죠. 몽룡은 춘향을 향한 마음을 주체할 수 없어 몇 날 며칠을 사랑의 열병으로 끙끙 앓습니다. 몸을 적이 추스르게 되자 한달음에 춘향에게 달려가서 사귀자고 고백을 합니다. 하지만 춘향은 몽룡에게서 이성적인 매력을 전혀 느낄 수 없기에 마음을 받아들일 수 없습니다.

춘향 : 미안하게도 당신은 내 타입이 아니네요. 내가 보기보다 외모를 좀

따져서 말이에요. 내 남자친구가 되려면 얼굴이 이소룡처럼 생겼

으면 좋겠거든요. 알죠? 얼굴도 잘생기고 무술도 잘하고 몸도 좋

은 배우 말이에요. 오해 말아요. 당신은 누가 봐도 참 좋은 사람이

에요. 그러니까… 우리 그냥 친구로 지내지 않을래요?

몽룡 : 당신은 이소룡을 닮지 않았다는 이유로 나를 차별하고 있군요.

이소룡처럼 태어났으면야 오죽 좋았겠습니까? 그런데 나는 이

소룡이 아닌 이몽룡이니 어찌할 도리가 없습니다. 굳이 따져
보자면 '룡'자 돌림 하나가 같군요. 춘향, 혹시 칸트라는 사람
을 압니까? 모르나요? 칸트라는 철학자는 사람을 오직 '목적'
으로서 대우하라고 했습니다. 그렇기 때문에 당신은 나와 사
귀어야 합니다. 나의 외모가 아니라 나의 전인격을 봐야 하기
때문입니다. 겉치레가 아닌 마음을 봐야 합니다. 맞는 말이지
요? 그래서 당신은 나와 사귈 의무가 있다는 겁니다. 난 외모
는 이소룡이 아니지만 마음만큼은 이소룡 못지않게 훌륭함을
장담합니다. 그러니 어서 나랑 사귑시다! 오케이?

이렇게 자신의 견해를 피력하는 몽룡에게 잘했다고 칭찬해 주기
란 쉽지 않습니다. 몽룡은 개념을 제대로 이해하지 못하고 생각의
오류를 범하였습니다. 사람을 목적으로 대우하는 것. 상대방의 모
든 사정을 이해하고 헤아려 최대한의 이익을 주는 것. 이 둘을 동일
한 의미로 파악했기 때문입니다.

이소룡 같은 사람과 사귀고 싶은 춘향의 소망은, 이루어지기를
다짐하고 바라는 인생 계획 중의 하나입니다. 그런 타입의 남자가
현실에 존재하기란 생각보다 드문 법이니 시간 낭비하지 말라고 충
고는 해 줄 수 있겠지요. 그러나 이소룡과 나(이몽룡)는 같은 룡자
돌림이니 나와 사귀어야 한다는 등의 억지를 부리며 만남을 강제할
수는 없습니다. 이는 누구라도 마찬가지겠지요. 몽룡도 슈렉을 쏙

빼닮은 처자가 사귀자고 하면 싫다고 기겁해서 달아날 게 뻔합니다. 그러면서 춘향에게는 자기와 사귀어야 한다고 주장하고 있으니 억지도 이런 억지가 없습니다. 만약 몽룡이가 힘을 이용해 춘향이를 억지로 사귀게 만든다면 자신의 욕망을 충족시키기 위해 춘향을 수단으로 이용한 것일 뿐입니다.

우리는 살아가면서 수많은 사람을 만납니다. 그들은 나와 종교도 다르고, 사는 곳도 다릅니다. 좋아하는 연예인, 좋아하는 소설, 좋아하는 스포츠, 어떤 정당을 지지하느냐에 관한 입장도 다 다릅니다. 때로는 이러한 '다름'이 다름에 그치지 않고 경멸이나 혐오감을 유발하기도 합니다. 물론 나와 다른 사람, 나와 맞지 않는 사람과 마음을 맞추어 가며 친하게 지내기란 쉬운 일이 아닙니다. 상황상 그렇게 해야만 하더라도 많은 노력과 인내가 필요한 게 사실이고요.

다행히도 우리에게 모든 사람과 친하게 지낼 의무는 없습니다. 친하게 지내냐 마느냐 하는 것은 개인의 판단에 따라 자율적으로 선택하는 가치의 영역에 속합니다. 보편적 이유에 근거해서 결정을 내려야 하는 것도 아니고, 의무의 영역에 속하지도 않습니다. 그러나 나와 다르다는 이유 때문에 어떤 사람을 괴롭히고 억압하고 방해하는 행동은 의무를 위배한 것입니다. 다른 사람이 합법적으로 소유한 재산을 함부로 뺏거나, 어떤 사람이 자유롭게 의견을 말하지 못하게 막는 것도 의무를 위배한 것입니다. 뿐만 아니라 사람들이 위태로운 상황에 빠졌는데도 불구하고 국가가 이를 방치하고 있을 때, 그런 정부를 계속 지지하고 있다면 동료 시민을 사람이 아니라 수단으로 대우하는 셈입니다.

사회는 그 구성원을 어떻게 대우해야 할까?

정리해 보자면, '목적으로서의 대우'란 사회 구성원의 권리를 평등하게 존중하는 것입니다. 이 점은 보다 많이 강조할 필요가 있습니다. 보통은, 개인적인 삶의 영역에 관해 원칙을 세운 다음에 이 원칙을 사회적인 영역에 적용시키는 방식이 타당하다고 생각하기 쉽습니다. 그래서 무엇이 좋은 삶인지, 내 남자친구와 여자친구를 어떻게 대우해야 하는지, 가족을 어떻게 보살펴야 하는지 등을 먼저 생각한 후에 공적인 의무를 지려고 합니다. 그러나 이런 방식은 결국 가족 이기주의를 공적 영역에까지 끌고 가게 만들거나, 자신이 좋다고 생각하는 가치를 다른 사람에게 강제하는 결과를 초래할 수도 있습니다.

제가 따르고 있는 자유주의의 정치철학 전통에서는 이와 반대로 생각할 것을 주장합니다. 먼저 사회가 개인을 어떻게 대우해야 하는지를 파악해야 한다는 것입니다. 그러지 않고서는 개인의 권리와 의무를 확정할 수 없고, 개인의 권리와 의무가 확정되지 않으면 어떻게 행동할지를 적절하게 판단할 수 없다고 이야기합니다. 따라서 개인이 개인을 어떻게 대우해야 하느냐고 물었을 때, '사회가 그 구성원을 목적으로 대우하기 위해 할당된 권리와 의무를 지켜 주는 것'이라고 대답하는 태도는 가장 기본적인 모습일 것입니다. 그렇다면 공동체가 그 구성원을 목적으로 대우한다는 것은 정확히 어떤 의미일까요?

가장 먼저, 모든 사람은 동일한 권리를 가져야 합니다. A지역 사람은 투표권이 있고 B지역 사람은 투표권이 없는 상황을 납득할 만한 이유가 없다면 어떨까요. 이는 B지역 사람들을 목적을 가진 가치 있는 존재가 아닌 하나의 도구로 취급한 것입니다. 3억 원 상당의 재산을 지닌 사람은 투표권을 갖지만 그렇지 않은 사람은 투표권을 갖지 못하는 상황을 가정해도 마찬가지입니다. 대학을 졸업하면 2개의 투표권을 갖고 그렇지 않으면 1개의 투표권을 갖게 된다고 해도 똑같겠지요. 동등한 권리를 지닌 존재로 사람을 대하지 않고 있으니까요. 다행히도 이러한 모습은 모두 예시일 뿐 실제 우리 사회에서 일어나고 있는 현실이 아닙니다. 이를 통해 말하고자 하는 것은 사람을 대하는 사회의 근본적 태도입니다. 사회는 구성원을 대함에 있어 권리의 평등과 법 앞의 평등을 우선해야 하는 것이지요. 그런데, 모든 사람이 동일한 권리를 갖게 되면 그걸로 끝일까요?

'생명권'이 평등하게 유지되는 사회를 생각해 봅시다. 여러분은 지금 땡볕을 피해 한산한 철로 근처에서 쉬고 있습니다. 이때 저 멀리서 기차가 전속력을 내고 달려옵니다. 여러분이 서 있는 지점에서 철로가 두 갈래로 나뉘는데, 기차는 둘 중 하나의 철로를 지나 터널을 통과하게 됩니다. 왼쪽 철로가 지나는 터널에는 3명의 인부가 일하고 있습니다. 오른쪽 철로가 지나는 터널 중앙에는 10명의 인부가 일하고 있습니다. 여러분은 뭔가 이상하다고 생각합니다. 선로를 보수하는 동안이라 기차가 지나갈 수 없는 상황이었기 때문이죠. 속도를 멈출 기미가 없는 것을 보니 아무래도 기차의 브레이크가 고장 난 게 분명합니다.

문제는 지금 이 위급한 상황을 인부들에게 알릴 시간이 없다는 것입니다. 기차가 왔다는 걸 인부들이 알게 될 때면 이미 너무 늦습니다. 그렇다고 그대로 두면 기차는 오른쪽 철로를 통과하여 10명의 인부를 꼼짝없이 치게 됩니다. 이때 여러분은 자신이 서 있는 지점에 놓인 '선로 변경기'를 발견합니다. 자, 이제 어떤 결정을 내리겠습니까. 3명의 목숨을 살리겠습니까, 아니면 10명의 목숨을 살리겠습니까.

선로 변경기에 손을 대서 기차가 왼쪽 철로를 지나게 하겠다는 사람이 많을지도 모르겠습니다. 세 명의 인부가 목숨을 잃게 되는 것은 가슴 아프지만, 10명이 죽는 것보다는 3명이 죽는 것이 덜 비극적이기 때문이지요. 이로 인해 나머지 7명의 목숨을 살렸다고 생각할 수도 있습니다.

사례를 약간 변경해 보겠습니다. 여러분은 지금 철로 근처에 서 있지 않고, 옹벽 위에서 경치를 감상하고 있습니다. 철로가 하나뿐인 터널 중앙에서 8명의 인부가 일을 하고 있으며 선로 변경기는 없습니다. 이때 앞의 상황과 마찬가지로 브레이크가 고장 난 기차가 무서운 속도로 다가옵니다. 유일한 목격자인 당신은 아무것도 할 수 없는 현실에 갇혀 발만 동동 구릅니다. 그런데 마침 덩치가 산만 한 사람이 곁을 지나갑니다. 그는 비현실적일 만큼 몸집이 비대하기 때문에 옹벽 아래로 밀어뜨리면 철로를 막을 수 있을 듯합니다. 이렇게 되면 기차의 속도가 현저히 느려질 게 분명하다고 가정해 보죠. 속도가 느려지면 터널 중앙에 있는 인부들은 기차를 피할 수 있는 시간을 벌게 됩니다. 느리게 다가오는 기차를 보고 인부들은 무사히 터널에서 빠져나오는 것이죠. 자, 이런 상황에서 여러분은 어떤 결정을 내리겠습니까.

대부분의 사람들은 뚱뚱한 사람을 철로로 밀어뜨리는 결정을 내리는 데 주저합니다. 그런데 잠깐. 조금 이상하지 않나요? 아까와 달리 지금은 왜 이렇게 망설이는 것일까요. 방금 전만 해도, 10명의 인부를 살리기 위해 3명이 죽었으니 결국 7명의 목숨을 살린 셈이라고 하지 않았나요? 이번에는 8명을 살리려고 1명을 밀어뜨리는 것뿐인데 말이지요.

어떤 사람들은 뚱뚱한 사람을 죽이는 것은 옳지 않은 일이라고 말하기까지 합니다. 7명의 목숨을 살리게 되는 건 마찬가지니까 이러나저러나 결과는 똑같은 거 아닌가요? 왜 첫 번째 사례에서는 신속한 판단을 내렸으면서 두 번째 사례에서는 결정을 망설이는 것일까요? 두 경우 모두 상황을 가만히 지켜본 것이 아니라, 자발적인 선택을 했는데 말입니다. 저는 윤리학 강의를 할 때 이 두 가지 사례를 놓고 질문을 던지곤 합니다. 어떠한 대답들이 나왔는지 살펴보도록 하지요.

"첫 번째 사례에서 왼쪽 철로에 있던 3명의 인부는 이미 위험한 상황에 처해 있었어요. 하지만 두 번째 사례에서는 그냥 길 가던 사람을 고의적으로 밀어뜨린 거잖아요. 전혀 관계가 없는 사람이 이런 식으로 연루되는 것은 옳지 못해요."

정말 그럴까요? 첫 번째 사례에 등장한 3명의 인부들 역시 원래는 아무런 위험이 없었습니다. 선로를 변경하지 않고 그대로 두었다면 전적으로 안전했을 테니까요. 오른쪽 철로에 있던 10명을 살리겠다는 판단 아래 기차가 통과하는 선로가 변경되었기 때문에 목숨을 잃게 되었지요.

"첫 번째 경우는 선로 변경기를 돌리는 행동이었고 두 번째 경우는 사람을 직접 손으로 밀어뜨리는 것이었어요. 상황에 따른 각각의 행동 의지는 서로 다르다고 봐요."

만약 두 번째 사례에 등장한 뚱뚱한 사람이 곁을 지나지 않고 회전문에 기대어 서 있었다고 칩시다. 여러분의 발밑에는 버튼이 놓여 있습니다. 버튼이 작동되면 뚱뚱한 사람은 회전문을 통해 앞으로 튀어 나가게 됩니다. 이 경우 버튼을 작동해서 뚱뚱한 사람이 옹벽 아래로 떨어지는 것은 괜찮을까요? 손으로 밀었든 버튼을 눌렀든 그게 중요한 게 아닙니다. 이러한 행동의 차이는 옳고 그름의 기준이 되지 못합니다. 본질적인 차이를 가져오지 않기 때문입니다.

"첫 번째 사례에서는 3명을 죽이려는 의도가 아니라 10명을 살리려는 목적이었잖아요. 그런데 두 번째 사례에서는 1명을 죽이기 위한 의도로 보여요."

첫 번째 사례에서도 3명이 죽는다는 인식을 하고, 선로를 변경했습니다. 그 선로 변경기에 손만 안 대었어도 3명은 죽지 않았을 것입니다. 두 번째 사례에서도 8명을 살리려는 것이 의도였지요.

생물학자와 윤리학자들은 이 사례를 놓고 심층적인 연구를 하였습니다. 지역적, 문화적, 종교적 차이 등을 고려하여 다방면으로 조사한 것이지요. 역시 다수의 사람들이 공통된 대답을 하였습니다. 첫 번째 사례에서는 선로를 변경하겠다고 하고 두 번째 사례에서는 뚱뚱한 사람을 밀지 않겠다고 선택했습니다. 하지만 그 이유에 대해서는 누구도 명확히 설명하지 못했습니다. '그냥 그래야 할 것 같은' 느낌이 들었기 때문일까요? '그래야 할 것 같은' 느낌은 어디서부터 비롯되는 걸까요?

이는 사람의 목숨이 수단으로 사용되었느냐 아니냐에서 비롯된 것입니다. 첫 번째 사례에서는 선로 변경기가 수단이었습니다. 왼쪽 철로에 있던 3명의 인부가 그곳에 없었다 해도 오른쪽 철로의 10명은 살릴 수 있었습니다. 10명을 살리기 위해 왼쪽 철로의 3명이 반드시 있어야 하는 건 아니란 말이죠. 반면 두 번째 사례에서는 뚱뚱한 사람이 꼭 있어야 했습니다. 8명의 인부를 살리기 위한 수단이 된 것입니다. 아래로 굴러 떨어질 뚱뚱한 사람이 없으면 아예 8명의 인부를 살릴 수가 없으니까요.

"현실에서 일어날 가능성도 별로 없는 걸 갖고 왜 머리 아프게 고민해요?"라고 묻는 분들도 있을지 모르겠습니다. 그러나 여기서 제시된 윤리적 질문들이 현실과 무관하다고 단정 지을 수는 없습니다. 이해를 돕기 위해 흥미로운 이야기를 하나 더 할까 합니다.

다음과 같은 로또 lottery 를 운영하는 사회를 상상해 봅시다. 로또는 로또인데 '죽음의 로또'입니다. 이 사회에는 질병이나 부상으로 고통받으며 죽어가는 사람들, 불완전한 감각 능력을 가지고 힘들게 살아가는 사람들이 많습니다. 이들에게 지금 당장 절실하게 필요한 것은 '장기이식'입니다. 필요한 부위별로 이식을 받을 수만 있다면 더할 나위가 없는 것이죠. 뇌사자의 경우에는 장기이식의 가능성이 더더욱 드뭅니다. 그래서 사회는 로또를 운영하게 되었습니다.

모든 국민은 매주 국가에서 정해 주는 로또 번호를 받습니다. 그리고 주말이 되면 무작위로 로또 번호를 추첨하는 생방송 프로그램을 시청합니다. 1등으로 당첨된 대여섯 사람은 경찰에 체포되어 수술대 위로 올라갑니다. 이 사회에서 제시하는 통계에 따르면 로또 당첨자 한 사람을 통해 평균적으로 다섯 사람의 생명을 살리고 또 다른 다섯 사람에게는 장애 없는 새 삶을 준다고 합니다. 모든 국민은 공평하게 로또의 대상이 됩니다. 돈이 많은 사람이나 똑똑한 사람도 예외가 될 수 없습니다. 그 점에 있어서는 반박의 여지가 없는 참으로 평등한 사회입니다. 그러나 이것만으로는 사회가 구성원을 목적으로서 대하고 있다고 볼 수 없겠지요.

목적을 위한 희생은 당연한 게 아니다

우리 사회에는 죽음의 로또 같은 노골적인 제도는 없습니다. 그러나 구성원을 수단이나 도구로 다루는 논리가 정말 티끌만큼도 없다고 단언할 수 있을까요? 다음에 제시된 주장이 익숙한 것인지 아닌지 살펴보도록 하죠.

오늘날에는 전 세계적인 경쟁이 가열되어 그 어느 때보다 국가 경쟁력이 중요하다. 자본과 기술이 풍부한 선진국이 위에서 누르고 있고,

저렴한 노동력의 개발도상국이 아래에서 치고 올라온다. 샌드위치 위기를 돌파하려면 자본가들의 투자가 활발해지도록 세금을 많이 감면해 줄 필요가 있다.

개발도상국의 값싼 노동과 경쟁하기 위해서는 노동 비용도 많이 낮춰야 한다. 현재 우리 사회의 노동 비용을 높이는 주된 원인은 경직된 노동 시장이다. 임금이 높은데다가 필요 이상의 보호를 많이 받는 정규직이 문제다.

따라서 사회 발전을 위해 비정규직을 늘려야 한다. 이들은 언제든지 자를 수 있으므로 고용이 유연해지고 사업 비용이 줄어든다. 또한 교섭력이 약해서 임금도 저렴하다. 사실 비정규직 없이 경제 성장을 이룩하기란 어려운 법이다. 비정규직의 고용 현실이 불안정하고 근로 조건이 열악한 것은 감수해야 할 현실이다.

제시된 이야기는 조금 과장스럽기도 하지만, 기업가들과 정치가들이 반복해서 주장하는 이러한 태도에는 사실 명제와 규범 명제가 섞여 있습니다. 사실 명제는 '물에 열을 가하면 수증기가 된다'처럼 경험으로 검증되는 사실을 담은 명제입니다. 규범 명제는 '무엇을 해야 한다'거나 '무엇이 옳다'는 개념적 내용을 담은 명제입니다. 우리가 이 책에서 다루는 것이 바로 규범 명제이지요. 앞서 나온 주장의 핵심은 아마도 이렇게 요약할 수 있겠습니다.

경제 번영은 사회에 이익이 된다. 이를 위해 불리한 근로 조건을
받아들이는 사람들은 꼭 있어야 한다. 어쩔 수 없다.

이러한 논리는 일부를 수단으로 희생해서 전체를 구하자는 태도
를 드러냅니다. 효용이나 공리, GDP 등의 기준에서 볼 때 더 높은
목표가 달성 가능하다는 이유로 말입니다.

비정규직 중에는 '파견근로제'라는 것이 있습니다. 예를 들어, 객
실 청소에 수십 명이 필요한 호텔에서 직접 고용하는 사람들이 전
체의 반 정도라면 나머지 인원은 파견 업체를 통해 고용됩니다. 하
는 일은 똑같은데 파견 업체를 통해 고용된 이들의 임금은 정직원
보다 훨씬 낮습니다. 업체에 등록된 노동자들을 회사에 연결해 주
는 게 파견 업체의 역할입니다. 소개업자와 비슷하지요. 파견 업체
는 소개료를 한 번만 받는 것이 아니라 매달 받습니다. 일제시대의
마름과도 같습니다.

마름은 지주 대신 소작권을 관리하는 사람입니다. 지주가 땅을
빌려 주면 마름은 소작인을 구합니다. 소작인은 뼈가 부서지도록
일하고 수확한 농작물의 대부분을 지주에게 바친 후 마름에게도 일
정량을 바칩니다. 해방 이후 정부는 토지 개혁을 해서 마름을 없앴
습니다. 중간 착취자로 악명이 높았기 때문입니다. 그런데 지금 우
리 사회에 '파견 업체'라는 마름이 활개 치고 있습니다. 경제 번영
을 위해서라면 중간 착취 정도는 얼마든지 괜찮다는 논리입니다.

우리는 진지하게 짚어 볼 필요가 있습니다. 누구를 위한 경제이고 무엇을 위한 번영인지에 대해 말이죠. 비정규직으로 일하는 사람들 대부분은 하루 벌어 하루 먹고 살기 바쁩니다. 돈이 없고 시간도 없으니 건강을 제때 못 챙기는 건 당연합니다. 병원에 갔더니 의료보험으로 보장되는 범위와 수준이 너무 협소합니다. 치료는 꿈도 못 꾸고, 일하고 들어와서 눕기 바쁩니다. 부모는 자식들에게 가난을 대물림하지 않으려고 온갖 고생을 감수합니다. 하지만 당장 하루하루가 절박하니 자녀들을 잘 챙겨 주지 못합니다. 적절한 교육 환경이 제공되지 않기에 자녀들의 성적은 좋지 않습니다. 남들 다 간다는 대학도 그림의 떡이 될지 모르겠습니다. 하늘 높은 줄 모르고 치솟는 대학 등록금 때문입니다. 결국 경제 번영을 위해 가난한 사람들의 가난은 그렇게 계속됩니다.

이런 악순환은 1980년대 미국에서 시작되었습니다. 대처 할머니와 레이건 할아버지는 부자들을 위한 사회가 구축되어야 모든 사람이 잘살게 된다고 했습니다. 그러기 위해서 복지 제도를 축소하고 노동조합의 힘은 약화시키며 노동 비용을 줄여야 한다고 했습니다. 30년이 지난 지금, 미국 경제는 성장했지만 노동자들의 실질소득은 1970년대에 비해 오히려 더 떨어졌습니다. GDP는 엄청나게 늘어났지요. 막연히 GDP 숫자를 물신숭배하는 것이 아니라면, 우리는 통계적 수치 이면에 놓인 사람들의 실제 삶을 보아야 합니다.

따라서 우리는 더욱 세심하게 의무를 들여다봐야 합니다. '현실'

이 의무로부터 점점 멀어지고 있기 때문입니다. 사람은 누구나 자기만의 인생 계획과 가치를 실현하는 목적이 있는 존재라는 것을 망각하는 것이죠. 재차 강조하자면, 타인을 목적으로 대우하는 태도가 의무의 기초입니다. 이는 서로가 서로를 평등하게 배려하고 존중하는 것에서 비롯됩니다.

3장

의무 vs. 권리, 떼어 놓을 수 없는 밀접한 관계

'무엇이 의무인가' 하는 문제를 파고들다 보면, '무엇이 권리인가?' 하는 문제를 푸는 일과 동일시됩니다. 의무와 권리는 사회 질서의 양면을 이루고 있기 때문입니다. 흔히 사람들은 자기가 쏟아 부은 공력이 많거나 이익을 많이 얻을수록 그만큼의 권리를 갖고 있다고 생각합니다. 하지만 꼭 그렇지는 않습니다. 권리는, 사람이라면 마땅히 대우받아야 할 바를 체계적으로 정식화한 것입니다. 권리를 존중하는 범위 내에서 각자의 이익과 가치를 추구하는 것이 의무이고요. 수많은 충돌과 화합의 과정을 거쳐, 밀접한 관계를 이루는 의무와 권리의 참모습을 알아볼까요?

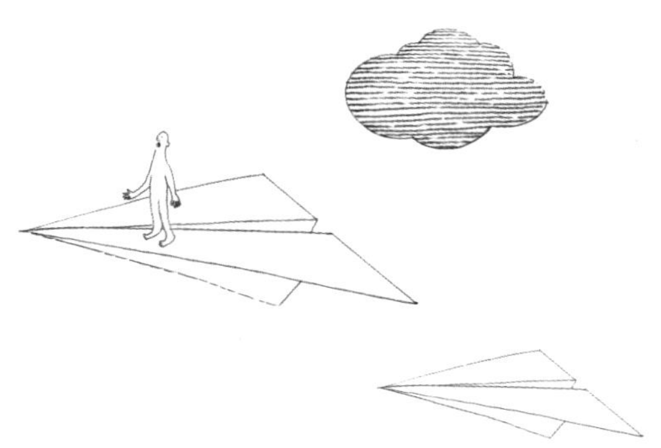

동전의 양면과도 같은 의무와 권리

수단으로 대우받을 때와 목적으로 대우받을 때, 제일 중요한 차이는 사람들이 자기 몫의 인생을 자유롭게 살아갈 수 있다는 점이겠지요. 이때 '자기 몫'에 해당하는 것이 권리입니다.

민간단체가 국가에서 위임하는 사업을 따내기 위하여 공무원에게 뇌물 주는 경우를 생각해 보죠. 얼핏 보기에는 누구의 권리도 침해하지 않은 것처럼 보이지만 이는 국민의 권리를 침해한 상황입니다. '공무원으로부터 공정한 사무 처리를 받을 권리'를 보장하는 필수적인 질서를 그르쳤기 때문입니다. 또 다른 예를 들어 보죠. 고속도로를 이용하는 사람들에게는 안전한 고속도로를 사용할 권리가 있습니다. 그러나 고속도로에 떨어진 낙석을 인근 주민들이 치워야 할 의무는 없습니다. 이런 종류의 의무는 국가에 부여되므로 도로 관리를 담당하는 공무원이 처리하는 게 옳습니다.

의무와 권리는 사회 질서의 양면을 이루고 있습니다. 의무는 그 것으로 혜택을 보는 사람의 권리를 전제합니다. 권리는 그것을 준수하기 위해 따라야 하는 의무를 수반합니다. 의무를 보유한 사람과 권리를 보유한 사람이 일대일 대응 관계를 이루지 않을 때에도 의무가 있는 곳에는 권리가 있기 마련입니다. 따라서 '무엇이 의무인가'를 깊이 파고드는 건 결국 '무엇이 권리이고, 왜 그것은 권리로서 정당화되는가?'를 헤아리는 일과 동일시됩니다.

예를 들어, "정치가를 객관적인 어조로 비판할 수는 있지만 패러디 같은 정치 풍자물로 조롱해서는 안 될 의무가 있다"고 주장하는 사람이 있다고 칩시다. 그러면 "왜 그게 국민의 의무가 되는가?"라는 물음을 던질 수 있겠지요. 이때 "누구나 조롱당하지 않고 살아갈 권리가 있기 때문이다"라는 대답이 되돌아옵니다. 여기에 "아니다. 형식과 내용을 자유롭게 취해서 정치가를 비판할 권리는 표현의 자유이다"는 식으로 반론이 제기되며 논의가 진행될 것입니다. 따라서 무조건적으로 의무를 따르기보다는 소신을 놓치지 않은 채 비판적이고 올바르게 상황을 판단하면서 '무엇이 권리인가'를 생각하는 능력을 갖춰야 하는 것이지요.

모든 이익이 권리가 되는 건 아니야

흔히 많은 사람들은 자기가 쏟아 부은 공력이 많거나 이익을 많이 얻을수록, 그만큼의 권리를 갖고 있다고 생각합니다. 하지만 모든 이익이 권리가 되는 것은 아닙니다.

누군가 찜닭집을 개업했는데 장사가 아주 잘되는 경우를 상상해 봅시다. 가게 건너편에는 치킨집이 있었는데 찜닭집으로 손님이 다 몰려서 매상이 엉망이 되었습니다. 치킨킵 사장이 벌어들이는 매상은 '이익'입니다. 맞은편에 찜닭집이 생기면서 치킨집의 이익은 분명히 줄어들었습니다. 그렇다고 해서 치킨집 주인이 찜닭집 주인에게 떨어진 매상만큼 손해 배상을 청구할 권리가 있다고는 아무도 생각하지 않겠지요. 그러면 이번에는 단순한 이익과 권리의 차이점을 '표현의 자유'와 관련해서 좀 더 살펴보겠습니다.

'소크라테스'라는 별명을 가진 사람이 있다고 합시다. 그는 사회가 잘못 돌아가고 있다고 외칩니다. 그나마 다행인 것은 동네방네 돌아다니며 마이크로 떠들어 대지 않는다는 점입니다. 인터넷 방송을 통해 의견을 피력하고 홈페이지에 글을 쓰며 가끔 신문에 칼럼을 싣는 정도이지요. 그런데 그 의견이 국민 대다수 신념과 크게 어긋나는 것이라서 많은 사람들이 그런 의견이 발표되지 않으면 좋겠다고 생각합니다. 그 소망을 돈으로 표현해 보라고 하자, 소크라테스에게 압력을 가하고 싶은 마음을 모아 각자 백 원씩 냈습니다.

엄청난 돈이 모인 것을 보고 국가가 말합니다.

"보아라, 이것이 바로 공익이다. 모두를 위해 당신 한 사람만 희생하면 사회적으로 엄청난 이익이 생긴다. 계속 발언하고 싶다면 지금 모인 금액 이상의 돈을 내라. 그렇지 않으면 입을 여는 즉시 처벌하겠다."

결국 우리의 가난한 소크라테스는 입을 다물고 말았습니다. 만일 소크라테스의 입장을 옹호하고 싶다면 어떤 주장을 펼쳐야 할까요. 이렇게 이야기하는 사람들도 있을 것입니다.

"사회 구성원이 누리는 표현의 자유를 억압해서는 안 됩니다. 사상의 자유를 막아서도 안 됩니다. 각자의 생각이 자유롭게 다른 사람들과 논의될 수 있어야 합니다. 이를 바탕으로 사회가 건실하게 운영될 수 있기 때문입니다."

물론 이것은 표현의 자유를 지지하는 훌륭한 주장이지만 소크라테스의 권리가 탄탄하게 성립되지 않을 수도 있습니다. 왜냐하면 한 사람의 도구적 가치에만 주목하고 있기 때문입니다. 이 관점에 따른다면 표현의 자유를 허용하기 위해 소크라테스라는 별명을 가진 사람의 의견이 사회적으로 쓸모 있는지를 먼저 판단해야 합니다. 그런데 알고 보니 이 사람은 너무나 말도 안 되는 논리를 펼치는 사람이어서 그의 견해가 퍼지면 퍼질수록 사회에 부정적인 영향을 끼칠 것이 명백해 보입니다. 도구적 가치만 두고 말한다면, 그의 견해는 진리가 아님이 명백한데다가 더 많은 사람들에게 안 좋은 영향을 끼칠 위험을 차단해야 한다는 결론이 나올 수 있습니다.

결국 이러한 논리는, '다수의 행복이나 이익을 위해 권리가 인정될 수도 있고 인정되지 않을 수도 있다'는 논리와 동일해집니다. 이익의 옳고 그름을 따지지 않고, 어떤 방식으로 그것이 올바르게 충족되었는지도 따지지 않는 것이죠. 그래서 그런 주장은 다음과 같이 터무니 없는 결론에 이를 수도 있습니다.

> 나는 백인이다. 자기 집 앞마당을 쓰는 흑인의 모습이 마음에 들지 않는다. 보고 있으면 이유 없이 고통스럽기까지 하다. 모든 인간은 고통으로부터 보호되어야 한다. 나에게는 고통을 겪지 않을 권리가 있다. 따라서 흑인은 마당을 쓸러 나오지 않아야 한다. 그것이 흑인의 의무다.

예문에 등장한 백인이 흑인을 보고 고통스러워하는 이유는 단순합니다. 흑인을 경멸하기 때문입니다. 하지만 그런 백인이 다수라고 해서 흑인이 자기 마당을 쓸지 못하게 하는 법이 생긴다면, 그것은 법이 흑인에 대한 경멸을 그대로 받아들이는 셈입니다. 이는 흑인을 다른 사람들의 경멸에 따라 이리저리 휘둘려야 되는 수단인 존재로 대우한 것입니다. 권리의 핵심은, 누구나 자유롭게 가치를 추구하는 이성적 존재로 평등하게 존중받을 자격이 있다는 데에 있습니다. 사람들의 인종이나 외모, 성별, 빈부, 학력에 따라 누구는 쓸모가 있으니 우대하고 누구는 생산성이 떨어지니 홀대할 수 없는 것이지요.

권리는 양이나 질로 측정되는 이익이 아닙니다. 무엇을 할 수 있거나 특정한 대우를 받을 수 있는 평등한 '지위'입니다. 표현의 자유도 마찬가지입니다. 표현 내용이 괜찮으니까 허용한다거나 표현을 함으로써 느끼는 만족감에 비중을 둔다는 식의 태도가 아니라, 다른 사람의 권리를 침해하지 않는 범위 내에서 내용에 상관없이 무엇이든 말할 수 있음을 의미합니다. 그래서 권리를 누린다고 말할 수 있으려면, 평등하게 보장된 지위를 바탕으로 자신의 목적을 설정하고 추구하는 자율성을 가질 수 있어야 합니다. 이 자율성과 관련한 권리에 대해 좀 더 세심하게 알아보겠습니다.

절이 싫다면 중이 떠나라

최근 대법원에서는 무작위 강제 배정으로 종교계 사립학교에 입학하였을 경우, 예배 참석의 종교적 행위는 필수 교과과정이 될 수 없다는 판결을 내렸습니다. 학생들이 지니는 종교의 자유를 침해한다는 것이었지요. 만일 입학 방식이 무작위 배정이 아닌 경우라면 어떨까요. 스스로 지원하여 선발된 학생들이 그 학교에 다니게 된다면 어떻게 될까요. 그러한 경우라면 종교의 례를 필수 교과로 넣어도 괜찮을까요? 괜찮다고 동의하는 사람은 다음과 같이 이야기할지도 모르겠습니다.

"종교의 자유는 종교교육의 자유를 포함하지요. 일반 학교도 아니고, 종교계 학교로 설립된 곳에서 종교교육 좀 하겠다는데 이를 거부하다뇨. 자발적으로 그 학교에 지원했다는 건, 모든 활동에 동의한다는 얘기 아니었나요? 여기 간단한 해결책이 있어요. 마음에 안 들면 더 이상 학교에 대해 이래라저래라 간섭하지 말고 다른 학교에 가라고 해요. 딴 데 가서 졸업하면 되잖아요."

설득력 있는 주장임에는 분명하지만 이는 종교의 자유에 대해 이야기할 때만 해당되는 의견은 아닙니다. 계약의 자유, 영업의 자유 등 많은 영역 안에 내포된 자유의 속성을 이야기할 때도 비슷한 논리를 펼치고 있다는 것이 문제입니다. 많은 이들이 이런 주장에 매혹되는데, 이를 한마디로 요약하면 다음과 같습니다.

절이 싫다면 중이 떠나라. 절의 자유를 침해하지 말고.

사람은 각자의 소신과 가치에 따라 삶을 이루어 갑니다. 자신이 좋다고 생각하는 일을 자유롭게 추구하고 싶어 하지요. 무언가를 자유롭게 추구할 수 있는 의지는 보통 '약속'을 매개합니다. 위와 같은 주장의 매력은 약속을 자유롭게 할 수 있는 권리에 호소한다는 데 있습니다. 그렇다면 다음의 사례들을 통해 구체적으로 판단해 보죠.

어떤 이가 좁고 높은 문턱을 통과해서 겨우 직장에 들어갔습니다. 뼈 빠져라 열심히 일을 했는데 회사 측에서 약속했던 월급의 반만 주겠답니다. 회사 사정이 안 좋으니 나머지 반은 그냥 받은 셈 치라고 합니다. 이런 상황이 그냥 흔한 일로 받아들여진다면 어떻게 될까요. 아마도 직장인들의 인생 계획은 한없이 불안정해지겠지요. 반대로 생각해도 마찬가지입니다. 사원을 뽑았는데 한 달의 보름만 출근하면서 월급은 다 받겠다고 하면 회사 입장에서는 어이가 없을 것입니다. '정해진 월급을 받으며 주어진 일을 하겠다'라는 것은 서로 간의 약속입니다. 자유를 제대로 누리려면, 약속이 유효해야만 하는 것입니다.

지도 사업을 하는 '박씨'라는 사람이 있다고 해 보죠. A라는 부동산에서는 요즘 재정이 어렵다면서, 약속했던 판매가의 20%로 지도를 사겠다고 주장합니다. 그렇게 되면 박씨는 제작비도 못 건지는 상황에 처하게 됩니다. 그는 A부동산에 지도를 팔지 않기로 결정합니다. 그런데 이때 정부나 법원이 개입해서 소비자의 요구를 무조건 들어주라고 하면 어떻게 될까요. 박씨 스스로 정해 놓은 인생 계획은 방향을 잃게 될 것입니다. 그뿐만 아니라 차곡차곡 모아 두었던 재산도 잃게 될지 모릅니다.

위의 사례들을 볼 때 약속은 유효한 것으로 인정되어야 합니다. 그러나 약속이 언제나 절대적으로 유효한 것은 아닙니다. 약속을 하게 된 여건이 올바르지 않거나 불리하며 비정상적이기까지 하다면 그 약속은 무효가 됩니다. 가장 노골적인 경우는 총을 들이대는 강압적인 '협박'과 약속에 전제되는 믿음을 배신하는 '사기'입니다.

협박과 사기는 둘 다 자율성을 파괴합니다. 자유롭게 자기가 소중하게 생각하는 가치를 실현하려면 자율성이 전제되어야 합니다. 우정, 사랑, 결혼, 종교, 직업, 교육 등 인생의 중요한 영역에 공정한 선택지가 존재하지 않으면 다른 사람이나 사회 제도가 휘두르는 대로 움직이는 꼭두각시에 불과하게 됩니다. 협박 때문에 원하지 않는 것을 억지로 체결하게 되거나 사기로 속았다면 이는 약속의 자율성이 파괴된 상황을 의미합니다. 자율성을 파괴하는 것은 상대방을 자유롭고 이성적인 존재로 취급하지 않고 도구나 수단으로 다루는 것입니다. 결국 '약속은 지켜야 한다'는 규범은 '자율성'이라는 조건이 충족될 때에 비로소 정당화될 수 있습니다.

그런데 자율성은 협박과 사기 이외의 방식으로도 파괴될 수 있습니다. 꼭 필요한 자원이 독점된 경우가 대표적인 예입니다. 어떤 화물선이 갑작스럽게 난파되는 사건이 발생한 경우를 가정해 봅시다.

구조대가 언제 올지도 모르고 배에는 더 이상 식수가 남아 있지 않습니다. 그런데 배에 탄 사람 중 한 사람이 생수 판매업자입니다. 그는 생수가 들어 있는 컨테이너 열쇠를 흔들어 보이면서 '생수 한 병당 1억'이라고 말합니다. 사람들은 죽느니 1억을 내겠다고 생각하고 자발적으로 구매 계약서에 서명합니다. 그 물을 마시면서 버티다가 그들 모두는 결국 무사히 구조되었습니다. 얼마 후 생수 판매업자는 계약서에 서명한 사람들에게 1억 원씩 대금을 청구하지만, 법원은 이 계약을 불공정하다고 판단하여 무효라고 결론 내립니다. 생수 판매업자는 억울함을 주장합니다.

"살고 싶으면 내 말을 들으라고 협박한 것도 아니고, 서명하라고 강요하지도 않았어요. 그들 소유의 물을 내가 뺏은 것도 아니었고요. 그건 어디까지나 내 물이었다고요. 어찌 되었든 자발적으로 서명한 계약서의 효력은 인정되어야 하지 않나요?"

맞는 말이지만 화물선에 탄 사람들은 그 상황에서 계약서에 서명할 수밖에 없습니다. 그렇지 않으면 죽음이라는 선택지밖에 없었으니까요. 이런 극단적인 독점이 아니라도, 인생을 살아가는 데 꼭 필요한 자원들이 불평등하게 분배되어 있으면 불평등한 정도에 따라 자율성이 침해될 수 있습니다.

'계약이나 약속이 유효하다'는 말은 하늘에서 갑자기 떨어진 명제가 아닙니다. 약속의 근거는 모든 사람들을 평등하게 대우해야 합니다. 정의로운 배경, 즉 자율성을 만족시키는 배경 위에서 성립되어야 약속이 유효합니다. 풍선 위에 삼각형을 그릴 때에는 내각의 합이 180도가 될 수 없습니다. 내각의 합이 180도인 삼각형을 그리려면 어디에 그릴 것인지 조건과 배경부터 확인해야 합니다. 종이인지, 평면으로 되어 있는지부터 말이지요.

간섭 없는 상태가 권리를 의미하는 건 아니야

다음으로 명심해야 할 것은 '간섭받지 않는다고 다 좋은 것은 아니다'는 점입니다. 이에 대해서 다음과 같은 반론이 있을 수 있습니다.

"간섭받지 않는 상황이 왜 안 좋아요? 그것만큼 가치 있는 것도 없지 않나요? 잔소리 듣는 것도 싫어 죽겠는데 말이에요. 간섭받고 싶지 않은 건 누구나 당연할 거예요. 길에서 똥 싸고 있는 강아지라도 그건 마찬가지죠. 우리는 모두 자유롭다고요."

만일 이 주장이 옳다고 한다면, 우리는 간섭과 규제가 있을 때마다 압박감을 느낄 것입니다. '왜 내가 지금 이런 간섭을 받아야 하지?'라며 간섭과 규제의 타당성을 인정하지 못할 테니까요. 하지만 실제로는 그렇지 않습니다.

교통 법규를 지키지 않고 운전하는 것은 물리적으로 가능합니다. 물리적으로 가능한 상태 그대로 두는 것이 간섭 없는 상태지요. 그런데 교통 신호를 따라야 한다고 해서 삶의 소중한 것이 상실되지는 않습니다. 오히려, 마구잡이로 운전하게 내버려 두는 것보다 훨씬 낫습니다. 그러나 정치적 표현을 금지당했을 때는 다릅니다. 자신의 생각을 표현하고 타인의 동감을 얻고자 하는 중요한 가치가 상실되었다고 느낄 것입니다.

정치적 표현의 금지와 교통 법규의 금지 사이에는 어떤 차이가 있을까요? 정치적 표현은 자기 몫에 온당히 속하는 인생 계획의 본질이지만 마구잡이 운전은 안전을 위협하는 것입니다. 그러므로 모든 간섭이 다 옳지 않다는 건 아닙니다. '자기 몫'에 속하는 타인의 행위를 임의적으로 간섭하는 것이 나쁜 것입니다.

혼인퇴직제를 '근로계약'이라는 형식으로 실시하는 회사도 마찬가지입니다. 사장은, 미혼자는 얼마든지 야근을 할 수 있고 육아 휴직이나 출산 휴가도 안 쓰므로 회사 발전에 도움이 된다는 이유를 대면서 "우리는 원래 예전부터 이 제도를 실시해 왔다"고 설명합니다. 그러면서 입사할 때 '혼인하면 퇴직하겠습니다'라고 쓰인 근로계약서에 서명을 하라고 합니다. 혼인퇴직제가 싫으면 처음부터 입사하지 말고 다른 회사로 가라고 합니다. 그 계약서에 서명하고 입

사한 노동자가 일종의 '약속'을 한 것은 사실입니다. 그러나 이 약속은 불공정한 배경 위에서 성립되었습니다. 결혼을 앞둔 미혼자들은 냉정한 현실을 마주하게 됩니다. 자신의 권리를 보장해 줄 만한 회사가 생각보다 많지 않은 현실 말입니다.

의자는 10개인데 사람은 14명이라면 결국 네 사람이 의자에 앉지 못하게 됩니다. 먹고 살려면 그 의자에 꼭 앉아야만 하는데, 의자 주인은 이렇게 소리칩니다. "의자에 앉고 싶으면 결혼 생활을 포기해. 그럼 남아 있는 다른 의자를 너에게 주마"라고요. 남은 의자의 수가 충분하지 않으므로, 생존을 위해 결혼 생활을 포기하는 사람이 나올 수밖에 없습니다. 이러한 상황은 의자 수가 많아져도 매한가지입니다. 의자가 1천만 개 있는데 사람은 1천4백만 명이라면 4백만 명이 의자에 앉지 못하게 되는 것이지요.

회사를 다니는 것과 결혼 생활은 각각 다른 영역입니다. 그런데 이 회사는 혼인퇴직제를 통해 서로 다른 두 영역을 하나로 묶었습니다. 결혼을 앞두고 있었던 이 회사의 미혼자들은 선택의 기로에 서게 되었습니다. 회사에 계속 다녀야 할지, 아니면 결혼 생활에 전념해야 할지에 대해서 말이지요. 사람은 누구나 자기 뜻대로 삶을 꾸려 나갈 자유가 있습니다. 하고 싶은 것, 배우고 싶은 것, 말하고 싶은 것, 되고 싶은 것… 마음 가는 대로 열정과 용기를 다해 이루어 나갈 수 있지요. 그러나 그것은 스스로에게 주어진 평등한 몫 안에서 이루어져야 합니다.

자율성 행사의 핵심적인 영역이 있습니다. 일하고, 표현하고, 교육받고, 놀고, 사랑하고, 신앙을 가지거나 가지지 않으며, 정당을 지지하는 일 등이 그것입니다. 삶을 이루고 있는 본질적인 부분들이지요. 그중 어떠한 영역에 필수적인 자원을 많이 가진 사람이 있다고 했을 때, 이를 빌미로 좌지우지한다면 어떻게 될까요. 그 사람은 자기 몫을 넘어서서 타인의 삶에 이래라저래라 간섭하는 셈입니다.

원하는 사람만 집단에 소속시킬 권리는 정당한 걸까?

사람들은 좋아하는 사람들과 함께 있고 싶어 합니다. 같이 무언가를 하고 싶고 나누고 싶어 하지요. 보편적 권리를 침해하지 않는 선에서 좋아하는 사람을 편애할 자유는 얼마든지 있습니다. 여기 네 명의 남자가 있습니다. 브라이언, 마이크, 필립, 한스는 매주 금요일 저녁에 카드놀이를 하기로 했습니다. 모임에는 이 네 사람만 참석하기로 약속했습니다. 남자들끼리 담배도 자유롭게 피우고 농담도 편하게 하기 위한, 휴식 차원에서 만든 모임이었기 때문이지요. 그런데 브라이언의 여자친구인 제인이 자기도 모임에 끼워 달라고 조릅니다. 남도 아닌데 왜 못 끼냐는 것입니다. 브라이언과 사귀고 있고 세 사람하고도 친분이 있으니 모임에 참석할 권리가 충분하다고 주장합니다. 게다가 남자들만 모임에 참석하는 것은 엄연한 성차별이라고 합니다.

자, 이때 여성을 참석하지 못하게 하는 것이 큰 문제가 될까요? 여성의 자유를 침해했다거나, 자율성 행사를 거부하는 행위로서 논란의 여지가 될 수 있을까요? 그렇지는 않을 것입니다. 카드놀이를 하고 싶은 여성끼리 모임을 만들 수도 있고, 그들만의 수다와 휴식을 나눌 자리를 마련하면 되니까요. 원하는 사람과 집단을 이룰 자유는 이와 같은 논리로 결정됩니다. 서로의 영역에 필요 이상 간섭하지 않아야 합니다.

이번에는 트럼프 카드놀이 참석증이 취직의 필수 조건인 괴상한 사회가 존재한다고 해 봅시다. 마치 토익 점수가 필수가 된 우리 사회처럼, 그 사회에는 카드놀이 참석증이 필수인 거죠. 문제는 아무나 카드 모임을 만들 수 없다는 겁니다. 하우스 시설을 설치할 재력이 있는 사람들만 카드놀이의 장을 만들 수 있는 거지요. 이는 경제적인 능력으로 강자와 약자를 구분 짓는 현실을 드러냅니다. 직장에 다니려면 카드 모임에 참가해야만 하는데, 모임의 수와 권력은 제한되어 있으니 굴복과 복종이 무언의 강요로 사회 전체를 물들이는 것입니다. 이럴 때조차 '원하는 사람하고만 집단을 이룰 권리'나 '원하는 사람만 집단에 소속시킬 권리'를 인정한다면 사회를 형성하는 기본 구조는 다음과 같이 바뀔 수밖에 없습니다.

- 이 대학을 다니려면 A정당을 지지하라.
- 이 회사를 다니려면 결혼을 하지 마라.
- 이 회사를 다니려면 노동조합 활동을 하지 마라.
- 성적을 잘 받으려면 지도교수의 선거운동에 자원봉사 활동하라.

위의 예시들은 공통된 문제점을 가지고 있습니다. 자기 몫을 넘어선 압력을 가하고 있는 것이죠. 세상에는 많은 종류의 집단이 있습니다. 그중 필수적으로 몸담고 살아가야 하는 집단은 몇 명의 친구들이 만든 모임과 태생적 성격이 다릅니다.

불평등한 인생의 몫을 지지할 수 없는 국가

다시, 처음 질문을 던졌던 사례로 돌아갑시다. '학생들의 자발적인 지원으로 입학이 가능한 종교계 사립학교에서 예배 참석의 종교적 행위를 필수 교과과정으로 할 수 있느냐' 하는 문제였지요.

국가는 사회 구성원을 평등한 목적으로 대우해야 합니다. 무엇보다 중립적인 태도를 올곧게 유지해야 하는 영역이 바로 종교입니다. 어떤 종교를 믿는지에 따라 차별해서는 안 됩니다. 예를 들어, 특정 종교인에게 세금을 10% 깎아 주면 국가는 공적인 의무에 대한 특별한 혜택을 인정하는 셈입니다. 'A교를 믿는 사람에게는 10%의 보조금을 준다'고 해도 결국 동일한 의미입니다. 보조금은 국민의 세금으로 조성된 공적 자금입니다. 그것은 국가의 중립성 원칙에 위배되어 쓰여서는 안 되기 때문입니다. 이렇게 물어보는 사람도 있을 수 있겠습니다.

"A교를 믿으라고 전도하거나 강요하는 건 아니니까 보조금을 받아도 상관없지 않나요? 그냥 A교를 믿는 사람에게 보조금을 주는 혜택을 줄 뿐이잖아요."

그러나 'A교를 믿지 않으면 감옥에 보낸다'는 식의 극단적인 경우가 아니라 하더라도, 국가가 부당한 이유로 공적인 대우를 달리하는 것은 비판받아야 합니다. 세금 감면이나 보조금 지원처럼 노골적인 형태만 아니라면 괜찮을까요? 국가가 노숙인의 재활과 직업교육 프로그램을 실시하는 경우를 가정해 봅시다. 국가는 민간단체의 인력과 경험을 활용하는 것이 더 효율적이라고 판단하여 적합한 단체를 선정합니다. 민간단체가 일정한 기준에 맞는 노숙인을 위한 프로그램을 운영하면, 국가가 운영비를 지원하는 형식입니다. 그렇게 선정된 한 종교 단체가 프로그램을 운영하게 되었는데 문제가 생겼습니다. 종교 의례에 참석해야 프로그램에 참여할 수 있다는 조건이 제시된 것입니다.

이 사례에서 종교 단체는 국가의 공무를 대신 처리하고 있다는 중요한 사실을 망각하였습니다. 공무 처리를 위해 위임받은 힘과 단체의 가치관을 부당하게 결부시킨 것입니다. 노숙인들이 다른 지역으로 가서 다른 단체가 운영하는 프로그램에 참여할 여지가 있다 해도 마찬가지입니다.

사립학교의 경우도 이와 동일합니다. 사립학교는 국가로부터 공적인 재정 지원을 받을지의 여부를 우선적으로 판단해야 합니다. 지원을 받게 된다면 종교 활동을 필수 교과과정으로 넣어서는 안 됩니다. 오늘날은 학교뿐 아니라 영리를 추구하는 회사나 사회적인 목적을 추구하는 단체에도 국가의 재정이 지원됩니다. 이때 사업체나 단체가 그 사업의 수혜자나 상대방에게 특정한 신념에 따를 것을 조건으로 제시하는 행위는, 신념을 이유로 국가가 직접 시민들을 차별한 것과 다름이 없다고 보아야 할 것입니다.

사람들은 저마다 '좋다'고 생각하는 것이 있고 그것에 대한 애착과 확신도 강합니다. 당연히 자신이 좋아하는 것을 최대한 많이 실현하기 위해 노력하겠지요. 좋은 것에 대한 마음은 '나'에 대한 관심에만 국한되지 않습니다. 어리석은 견해보다 현명한 견해가 사회에 많이 퍼졌으면 좋겠다고 생각하는 사람은 터무니없는 소리를 하는 사람이 없기를 바랍니다. 종교인은 자기 종교의 뜻깊은 가치를 세상에 널리 퍼뜨리고 싶습니다. 이런 관심은 다른 사람들도 '좋은 것'을 누렸으면 하는 바람에서 나오는 것이지요. 그런데 서로 좋다고 생각하는 것이 다르다 보니, 좋은 가치를 실현하기 위한 행동이 충돌할 수밖에 없는 게 당연합니다. 몸에 좋은 음식이라고 친구에게 억지로 먹일 수는 없습니다. '좋음'을 추구하다가 '옳지 못한 일'을 한 셈이 되기 때문입니다. 사람은 좋은 것을 담는 단순한 그릇이 아닙니다. 좋은 것이 무엇인지 끊임없이 성찰하고 스스로 추구할 줄 아는 자유로운 존재입니다.

사람이라면 마땅히 대우받아야 할 바를 체계적으로 정식화한 것이 바로 권리입니다. 어떠한 상황에서 권리를 정확하게 판정해 줄 수 있는 공식 같은 것은 없습니다. 다만 '존중'이 권리의 기본 정신임을 늘 염두에 둔다면, 이익이 가장 많이 걸려 있는 쪽에 권리가 있다거나 가장 가치 있는 것을 추구하는 쪽에 권리가 있다거나, 합의한 대로 따르는 쪽에 권리가 있다고 잘못 생각하는 일은 피할 수 있을 것입니다. 따라서 권리는 서로 다른 가치를 추구하려고 할 때 이를 조정하는 기준이 됩니다. 이익과 가치를 '권리를 존중하는 범위 내에서' 추구하는 일, 의무의 핵심이라고 볼 수 있겠습니다.

4장

투표하는 것만이 민주주의의 전부일까?

"난 정치에 관심 없어!"라고 말하는 사람들이 늘어갑니다. 답도 안 나오는 정치에 대해 골치 아프게 생각하느니 차라리 그 시간에 잠을 자겠다고 말합니다. 이런 생각이 모이고 모여 대중의 무관심으로 이어지지요. '민주주의니까 알아서들 잘하겠지'라고 생각하는 이러한 태도는 사실 굉장히 위험합니다. 정치는 우리 삶의 요소들을 결정하는 데 막대한 힘을 지니고 있기 때문입니다. 민주주의의 진정성은 모두가 진심으로 납득할 만한 선택과 결정에서 비롯되어야 합니다.

내 삶에 가장 가깝고도 먼, 정치

 간단한 문제를 하나 내 보겠습니다. 다음 빈칸에 해당되는 단어는 무엇일까요?

- 멀쩡한 사람도 OO만 하면 이상해진다.
- 너 OO하냐? 왜 갑자기 사람들한테 그렇게 잘해 줘? 선거라도 출마하게?
- B팀에 새로 들어온 직원, 아주 보통이 아니야. 벌써부터 사내 OO를 하는 것 같더라고.

첫 문장에서 이미 눈치채었을 테지요. 답은 바로 '정치'입니다. 우리 사회에서 정치라는 단어는 뇌물, 부패, 연고주의, 지역주의, 출세,

권력을 연상시킵니다. 그래서일까요? 하루하루를 살아가기에 바쁜 우리는 정치에 큰 관심을 갖고 있지 않습니다. 정치에 관한 어떤 의무가 있다는 생각은 잘 하게 되질 않습니다. 오히려 그런 의무가 있다는 이야기를 들으면 이런 반응을 보일지도 모르겠습니다.

"정치? 배부른 소리 하지 말라고들 해. 나는 아예 정치 자체에 흥미가 없어. 정치란 권력을 잡기 위해 서로 쇼를 하는 것일 뿐이야. 그보다 낫다 해도 기껏해야 다수를 조직하여 힘겨루기 하는 것에 불과해."

"정치인들이 서로 잘났다고 국회의사당에서 싸우는 꼬라지 못 봤어? 그게 무슨 국민을 위한 거야? 다 지네 잇속 챙기려고 발버둥인 거지. 고작 그런 정치에 관심을 기울이고 참여하는 것이 나한테 무슨 도움이 되겠어."

"정치는 내 삶을 전혀 고양시키지 못해. 삶을 고양시키려면 차라리 자기 수련을 하거나 종교 활동을 더 열심히 하는 게 낫다고 봐. 고상한 목적이 아니더라도, 먹고 살기 위해 쓰는 시간 이외의 남는 시간에는 취미 생활을 즐기거나 인간관계를 돈독하게 하고 싶어."

"정치에 부러 시간과 정력을 쓰는 일은 톱니바퀴의 날이 나가듯 삶을 소모할 뿐이야. 정치에 뭔가를 바라느니, 그 시간을 아껴서 내 생활을 개선하겠어."

　이런 사람들이 배짱 좋게 억지를 부린다고 할 수만은 없습니다. 진실의 일부를 담고 있기 때문입니다. 물론, 공적인 역할을 하기 위해서는 사적 생활을 어느 정도 양보해야 하는 게 맞습니다. 하지만 통념상 '～ 해야 한다'는 말을 귀 아프게 듣던 것이라도 '왜' 해야 하는지 근본부터 검토해야 합니다. 국가가 어떤 목표를 설정했다 하더라도, 그것을 따라야 할 국민의 의무가 무조건적으로 생기는 것이 아닙니다.

　갯벌을 메워서 간척지로 만드는 정책 하나만 봐도 그렇습니다. 그에 관련된 정치 활동을 생각해 봅시다. 우선 그 정책의 타당성 여부를 판단해야 합니다. 현재와 미래 환경에 미치는 영향, 경제에 도움이 되는 정도, 인근 주민들의 권리에 끼치는 영향 등도 살펴봐야 합니다. 자신의 입장을 정하고 나면 다른 사람들과 대화하면서 견해를 검토해야 합니다. 그 후에는 관련된 글을 읽고 쓰며, 서로 다른 입장을 올바르게 비판하고, 집회에 나가는 등의 일이 있을 수 있겠습니다. 사실 품이 많이 드는 일이긴 합니다. 그러나 이런 사실들이 '정치에 관심을 갖지 않고 살아도 괜찮다'는 주장에 정당성을 뒷받침하는 것은 아닙니다. 이 주장이 간과하고 있는 것이 있기 때문이지요.

사실은… 아무것도 하지 않는 게 제일 나빠!

정치는 삶의 요소들을 결정하는 데 막대한 영향을 끼칩니다. 그런데 우리는 무지할 만큼 정치의 영향력을 과소평가합니다.

이 글을 읽는 여러분 중 많은 이들이 아르바이트를 했거나 혹은 나중에 하게 될지 모릅니다. 대부분의 아르바이트 임금은 최저임금제에 의해 결정됩니다. 이때 아르바이트 임금을 '얼마'로 결정할 것인가, 최저임금제는 '어떠한' 방식을 거쳐 책정할 것인가를 결정하는 게 정치의 역할입니다.

고향을 떠나 타지에 살고 있는 분들 있으시지요. 학교나 직장 근처 자취촌에 방을 하나 얻어 사는 경우가 많습니다. 이렇게 세 들어 사는 사람을 '임차인'이라고 하는데요. 세 들어 사는 집이 갑자기 경매로 넘어가기도 합니다. 집 주인이 집을 담보로 돈을 빌렸다가 그 빚을 못 갚았기 때문이지요. 이때 돈을 빌려 준 사람이 저당권을 먼저 설정하면 임차인은 후순위로 밀려납니다. 때문에 보증금을 다 돌려받지 못하게 되는 경우가 종종 생깁니다. 그래도 하늘이 무너져도 솟아날 콩알만큼의 구멍 정도는 있습니다. 보증금 액수가 적으면 최소한의 금액을 가장 먼저 받을 수 있도록 보장해 주는 것이죠. 이를 최우선변제권이라고 합니다. 내 보증금이 전부 다 날아가느냐, 얼마라도 건지느냐 하는 문제를 결정하는 것이 바로 정치의 역할입니다.

어떠한 정치적 견해를 가지지 않는 태도를 두고, 아무런 정치적 선택도 하지 않은 것이라고 볼 수는 없습니다. 실제로 이러한 무관심은, 정치에 관심을 기울이고 만만치 않은 자원을 투자하는 개인이나 집단들에게 본의 아니게 큰 힘을 실어 줍니다. 지금의 사회 질서 안에서 힘을 가진 사람들이 더 많은 힘을 가지게끔 만들어 주는 것입니다. 이는 정치에 관심이 있는 사람이든 그렇지 않은 사람이든 피해 갈 수 없는 현실입니다.

50명이 함께 돈을 모아서 회사를 세운 상황을 가정해 봅시다. 이들은 공동의 책임과 권한을 가지면서 직접 일도 하기로 동업 계약을 맺었습니다. 모든 사람이 자신의 재산을 많이 투자했기 때문에 회사의 성공과 실패 여부가 그 50명에게 똑같이 중요합니다. 이들은 양질의 상품을 얼마만큼 생산해서 누구에게 팔 것이며, 생산 라인은 어떻게 조직할 것이고, 이윤은 어떻게 분배할 것인가 등등 많은 일들을 결정해야 합니다. 그런 일을 결정하기 위해 대표들을 뽑았습니다. 이때, 숫자와 씨름하고 이것저것 고민하는 일이 너무 스트레스가 쌓여서 회사 경영에는 더 이상 참여하지 않겠다는 사람이 생긴다고 칩시다. 모든 결정에 이의 없이 따르겠다면서 경영에서 물러나겠다고 포기 선언을 해 버리는 것이죠. 이렇게 되면 올바른 의사 결정을 하기 어려워집니다. 회사의 직원들에게는 대표들이 회사의 이익과 사원의 안정을 위해 제대로 의사 결정을 하고 있는지

확신이 필요합니다. 누가 되든 상관없이 대표를 뽑아 놓고 '니들끼리 알아서 잘해 봐' 하는 식의 구조 안에서는 확신보다 불안이 커지겠지요.

우리는 바람직한 의사 결정의 기준을 늘 인식해야 합니다. 그리고 그 기준에 비추어 볼 때 지금 자신이 속한 공동체가 제대로 돌아가는지를 판단할 수 있어야 합니다. 앞서 제시된 사례와 같이 회사가 엉망으로 돌아가는 경우라면, 운영 구조가 잘 뿌리내리기까지 더욱 많은 노력을 기울여야 하겠죠. 안정된 구조가 자리 잡힌 후에도 지속적인 관심을 잃지 않고 필요한 일이 있다면 해야 합니다. 물론 제도를 마련하기 전에 회사가 망해 버릴 수도 있으니까, 모든 사람이 굵직굵직한 사안에도 함께 고민하고 생각하며 힘을 모아야 할 것입니다. '나 한 사람 없다고 티가 나겠어? 다들 잘 하겠지, 뭐. 어떻게든 될 거야' 하고 손을 놓아 버리는 것은 무책임한 행동입니다.

우리는 물의 존재를 당연하게 여기면서 살아갑니다. '물부족'이라는 말은 많이 듣지만 아직 크게 와 닿지는 않습니다. 아껴 쓰라는 말은 많이 듣지만 몸을 씻고 밥을 짓고 목마를 때 마시는 물을 아껴야 할 필요성을 아직 심각하게 생각하지는 않습니다. 하지만 언제라도 무한하게 제공될 것만 같은 물이 점점 줄어들고 있는 게 사실입니다.

영화 〈007 퀀텀 오브 솔러스 Quantam of Solace〉의 소재가 되기도 했던 볼리비아 물 전쟁은 전 세계적인 안타까움을 자아내는 대표적 사례입니다. 국가가 하고 있던 수돗물 사업을 민영화하기로 결정하면서 물이 물 같지 않은 형국이 된 것입니다. 수질이 더러워지고 물 값이 너무 비싸져서 부자가 아닌 대다수 국민들은 물을 물처럼 먹고 쓸 수 없게 되었습니다. 볼리비아 국민들은 비 오는 날이 그렇게 간절할 수가 없습니다. 빗물을 받아쓰는 데는 돈이 들지 않기 때문입니다. 차마 웃지만은 못할 이야기이지요. 볼리비아의 경우는 힘 있는 사람과 힘없는 다수 사이의 간극이 너무 컸을지도 모르겠습니다. 이런 현실을 통해 짐작할 수 있는 것은 무엇일까요. 우리는 정치가 결정한 상황 안에서 살아갈 수밖에 없는 한계를 갖고 있다는 것이겠지요.

집단의 결정에 크게 좌우되는 개인의 삶

삶을 살아가며 마주하는 여러 문제들을 해결하는 방식에는 개인적 해결 방식과 집단적 해결 방식이 있습니다. 예를 들어 공기가 많이 안 좋아져서 마스크를 쓰고 다니는 것은 개인적인 해결 방식입니다. 공기를 깨끗하게 하기 위해 공장의 작업 과정을 법으로 규제하는 조치는 집단적인 해결 방식이고요.

우리의 삶에는 집단적 해결 방식을 통해야 제대로 해결될 수 있는 문제들이 많습니다. 대부분의 한국 사람들은 "월세나 전세금이 올라가서 이사를 가야 할지 모른다는 걱정 없이 살고 싶다"는 소망을 갖고 있습니다. 그렇지만 부동산이 너무 비싼 이 나라에서는 많은 사람이 실현할 수 없는 꿈이지요. 누군가는 이렇게 이야기합니다. "열심히 일해서 돈을 모아 집을 사면 되지!"라고요. 그러나 모든 사람들이 더 열심히 일을 해서 알뜰하게 돈을 모아 집을 사려고 하면, 수요가 늘어나서 결국 집값이 더 올라가게 됩니다. 더군다나 이러한 상황을 예측하고 투기하는 사람들이 더 늘어나기 때문에 집값은 더욱 상승하지요.

따라서 부동산 보유, 특히 토지 보유에 대해 높은 세금을 부과하고 월세나 전세를 공적으로 보조하는 국가 정책을 실시하지 않고서는 '일부' 사람들만 목적을 달성하게 됩니다. 모든 사람이 안정적인 거주 환경에서 살 수 없는 것이지요. 이러한 국가 정책들을 토론하고 실시하는 게 바로 정치입니다. 이때 누군가는 이렇게 말할지도 모르겠습니다.

"그래서 저는 올바른 문제 해결과 정책 실행을 위해 투표를 합니다. 국민이라면 누구나 투표를 해야 할 의무가 있지요. 저는 제 이익에 가장 잘 들어맞는 정치가에게 투표합니다."

실제로 이 사람은 투표권을 행사할 수 있게 된 이후 꼬박꼬박 투표를 합니다. 밥 한 끼는 거를 수 있을지언정 투표를 거른 적은 한 번도 없습니다. 그렇다면 이 사람은 투표를 하는 것만으로 자신의 정치적 의무를 다했다고 볼 수 있을까요? 이러한 태도는 아마도 다음의 논리를 전제하는 게 아닐까 싶습니다.

전제 군주제나 귀족정 등의 다른 정치 제도와 비교할 때, 민주주의의 가장 큰 특성이 다수 지배임은 부인할 수 없습니다. 그렇다면 민주주의라는 이상 ideal 은 단지 다수결 절차와 동일할 뿐일까요? '대한민국은 민주공화국이다. 대한민국의 모든 권력은 국민으로부터 나온다.' 다 알고 계시겠지만 이는 헌법 제1조입니다. 헌법 제1조가 의미하는 것은 무엇일까요.

"대통령을 비롯한 국가의 통치자들은 쓸데없는 고집을 부리지 말라는 뜻 아닐까요? 국민들이 하지 말라는데도 괜한 억지 부리지 않고요. 낮은 목소리부터 귀 기울이며 국민의 말을 따르라는 의미라고 생각해요. 어떤 정책이 잘못되었다고 생각하는 국민이 전체의 80%가 넘는데도 계속 추진한다면, 민주공화국의 본 모습을 잃은 거라고 봐요."

　설득력 있는 주장임엔 분명합니다. 그럼 이때 나머지 20%의 국민들은 어떻게 된 것일까요? 이들은 국가가 내다 버린 비(非)국민인가요? 다수의 결정만으로 '국민의 뜻'이라고 단정 짓는 것은 정확한 표현이 아닌 것 같습니다. 사람 생각은 저마다 다 다르기 때문입니다.

　"저도 그 정도는 다 알아요. 열 길 물속은 알아도 한 길 사람의 속은 모른다는 말이 왜 있겠어요. 바로 그러한 이유로 다수결 제도가 불가피하다고 보는 거라고요. 만장일치를 바라는 건 터무니없는 소리잖아요. 그러니까 다수 국민의 뜻을 곧 국민 모두의 뜻으로 보는 것이 민주주의예요."

　이러한 주장에는 부분적인 진리가 담겨 있긴 합니다. '다수 국민의 뜻을 곧 국민 모두의 뜻으로 본다'는 말은 민주적 절차의 중요성을 내포하기 때문입니다. 민주적 절차를 통해 결정된 것은 단순한 통계나 합산에 그치지 않음을 말합니다. A교를 믿는 사람들이 전체 국민의 압도적 다수인 90%를 차지한다고 하여도, 국민 모두가 A교를 믿어야 한다는 결론이 나올 수는 없지요. 팝송보다 가요를 좋아하는 사람이 많다고 해서 국민들에게 가요를 더 들으라고 정하는 법이 얼토당토않은 것과 마찬가지입니다. 따라서 단지 다수의 결정이라는 이유로 어떤 정책이나 법이 정당화된다고 생각하는 것은 오산입니다.

물론 우리는 여러 가지 이해관계가 얽혀 있거나 사람마다 생각이 다를 수 있는 문제에 만장일치가 불가능하다는 것을 익히 알고 있습니다. 하지만 이로부터 '다수의 의사는 곧 전체의 의사다'는 결론을 도출하는 태도가 민주주의를 제대로 표현한 것이라고 볼 수 있을까요?

다수라는 이유만으로는 아무것도 할 수 없어

소수는 다수의 결정을 그대로 따라야 할 필수적인 의무가 있는지에 대해서부터 파악해 봅시다. '민주주의 사회에서는 다수가 결정한 사안이 마음에 들지 않더라도 따라야 한다'는 주장에는 까딱하면 속기 쉬운 비밀이 숨어 있습니다. '숫자'가 사회 구성원의 의무를 도출하는 가장 중요한 근거가 된다는 논리가 그것이지요.

어느 고립된 농경 사회가 존재한다고 상상해 봅시다. 처음에는 모두가 농사를 짓고 살았습니다. 마을의 중대사는 회관에 모두 모여서 투표로 함께 결정했지요. 결정된 사안을 따르지 않으면 벌을 주기로 했습니다만 모두의 목소리를 존중했고 다들 잘 따랐기 때문에 별 문제가 없었습니다.

그런데 게으름뱅이가 생기기 시작합니다. 그는 하는 일 없이 그저 먹고 싸고 놀기만 합니다. 심심하다 싶으면 무술 연습만 한 탓에 싸움을 곧잘 합니다. 이런 사람이 하나둘 모여 적지 않은 인원이 되자 '게으름뱅이파'라는 조직이 결성됩니다. 그들은 농민들에게 매달 곡식을 상납하라고 요구하고 명령합니다. 농민들이 말을 듣지 않으면 무술 실력을 발휘해서 창고에 며칠간 가두고 벌을 내립니다. 결국 농민들은 울며 겨자 먹기로 곡식을 상납합니다.

우리는 농민들이 게으름뱅이파에게 곡식을 상납해야 할 필수적인 이유나 의무가 없다는 것을 이미 알고 있습니다. 그런데 다음과 같은 변화가 마을에 일어났다고 생각해 보지요. 게으름뱅이파 구성원이 점차 늘어나더니 마을 전체 인구의 반이 넘어 버렸습니다. 게으름뱅이파는 이제 농민들에게 무술 실력을 발휘하지 않습니다. 대신 마을의 중대사를 결정짓는 마을회관 투표를 앞으로 어떻게 할 것인가 고민합니다. 마을 농민들을 진두지휘할 전략을 세우는 것이지요. 결국 게으름뱅이파의 강요 아래, 마을 농민들은 게으름뱅이파에게 매달 일정량의 곡식을 상납한다는 규정을 통과시킵니다. 이를 지키지 않는 농민은 다수결로 통과된 결정을 따르지 않는다는 이유로 큰 벌을 받게 될 것입니다.

의무의 관점에서 볼 때, 첫 번째 상황과 두 번째 상황 사이에 본질적 차이는 없습니다. 왜냐하면 두 상황의 차이점은 단지 게으름 뱅이파의 머릿수가 반을 넘었느냐 넘지 않았느냐라는 단순한 통계적 사실뿐이니까요. 게으름뱅이파 조직에 곡식을 상납하는 것은 두 경우 모두 강요된 힘 때문에 어쩔 수 없이 이루어지는 경우입니다. 그것이 정당하기 때문에 자발적인 의지로 상납하는 것이 아니지요. 마을 전체 인구의 절반이 되지 않았을 때나 절반이 넘었을 때나 상관없이 게으름뱅이파가 부당한 요구를 하고 있다는 사실 자체는 똑같습니다. '어떠한 결정을 지지하는 숫자(인원)가 많으면 이를 따라야 한다'는 주장은 '힘이 센 사람을 따라야 한다'는 주장만큼이나 헛헛합니다. 마땅히 따르고 지켜야 할 가치 판단의 무게를 가지지 못하는 까닭입니다. 게으름뱅이파의 숫자가 많다는 것은 어떤 사람의 힘이 세다는 것과 마찬가지로 자연적 사실에 불과합니다.

세상에는 경험적으로 검증할 수 있는 사실 명제가 있고 규범적으로 타당성을 살펴야 하는 규범 명제가 있다고 말씀드렸지요? 한 번 더 설명하자면 '독재자가 국민들에게 불온한 주장을 하지 말라고 명령하였다'는 것은 사실 명제입니다. 그렇게 말한 그대로의 사실을 보여 주는 것이죠. 반면 '국민들은 불온한 주장을 하지 말아야 한다'는 것은 규범 명제입니다. 이때 사실 명제에서 규범 명제를 도출하면 '독재자가 명령했으니 불온한 주장을 따르지 말아야 한다'는 엉터리 같은 결론이 나오게 됩니다.

게으름뱅이파 사례를 다시 살펴봅시다. 어떠한 사안을 다수가 지지한다는 것은 사실에 불과합니다. "이제 게으름뱅이파는 마을 전체의 과반이 넘었다. 그러므로 어떠한 일이든 게으름뱅이파의 의견에 따라야 한다. 마을 사람들은 매달 일정량의 곡식을 게으름뱅이파에게 상납하라"라고 말하는 것은 "지금 비가 와서 달팽이가 기어 나온다. 따라서 매달 곡식을 상납하라" 하는 것과 아무런 차이가 없다는 것입니다. 이야기가 너무 극단으로 와 버린 것 같습니다만 다음과 같은 상황이라면 어떠할지 좀 더 생각해 보도록 합시다.

> A : 야, 어제 빌려 간 MP3 플레이어 돌려줘.
>
> B : 왜? 난 계속 쓰고 싶은데.
>
> A : 어제 하루만 쓰고 돌려주기로 약속했잖아.
>
> B : 네가 아직 잘 모르는구나. '내가 약속했다'는 건 사실 명제야. 거기서 '내가 MP3를 돌려줘야 한다'는 규범 명제를 도출할 수는 없어. 그건 마치 '오늘 비가 와서 달팽이가 나왔으니 MP3를 돌려줘야 한다'는 말과 같은 뜻이라고. 알겠니?

뭐 이런 친구가 다 있나 싶으신가요? 위의 대화에서 MP3 플레이어 무단 사용자(B)가 간과한 것이 있습니다.

우리는 이미 제3장에서 특수한 사례를 살펴보았습니다. 생수 판매업자가 조난된 선박의 탑승객들에게 1억의 대가를 약속하고 생수를 파는 경우였지요. 이는 약속으로서의 효력을 갖지 못한다는 결론이 났습니다. 하지만 조난 상황이 아닌 일상적인 경우였다면 이야기는 다릅니다. 생수 업자에게 정상 판매가인 천 원을 주기로 약속한 것은 지켜야 하겠지요. 정상적인 상황에서 맺은 약속은, '지켜야 한다는 규범'이 있기 때문입니다.

다시 A와 B의 상황으로 돌아가 보도록 하죠. B의 대답이 이상하게 느껴지는 것은 왜일까요? '친구 사이에 자발적으로 약속을 했다면 지켜야 한다'는 규범 명제를 약속할 당시 이미 전제하였다는 점을 B가 무시하고 있기 때문입니다. 이때 '약속을 한다'는 단순한 사실이 곧바로 '약속을 지켜야 한다'는 당위를 이끌어 낸 것은 아니라는 점을 주목해야 합니다. 마찬가지로 '다수가 무엇을 지지한다'는 자연적 사실만으로는 '다수가 지지한 것이라면 무조건 따라야 한다'는 규범적 결론을 이끌어 낼 수 없습니다. '일정한 요건이 갖추어지면 다수의 의견을 따라야 한다'는 가치 판단의 기준이 다리가 되어야 하는 것이지요. 따라서 우리가 민주주의를 이야기하기 위해서는 그 일정한 요건에 대해 살펴봐야 합니다.

공동체의 결정이 우리의 결정이 되려면

 앞서 질문한 것을 조금 다른 식으로 풀이해 보면 이렇게 생각할 수 있겠습니다.

집단의 결정을 '우리 자신의 결정'으로 납득하게 되는 경우는 언제인가?

우리는 자기 자신과 특별한 관계를 맺고 있는 집단을 '우리'라고 받아들입니다. 예를 들어, 직장인 열댓 명이 모여 학회를 만들 수 있습니다. 이들은 이제 학회를 운영하는 방식을 논의하고 결정하게 되겠죠. 이때 모두가 동의할 수 있는 규칙을 만들기란 불가능합니다. 따라서 합리적인 의사 결정을 통해 운영 방식을 정하게 되는데요. 처음에는 이에 동의하지 않았던 회원들도 '우리 학회의 결정이니 따라야겠다'고 긍정적으로 생각하게 되려면 어떤 요건이 갖추어져야 할까요?

첫째, 회원들은 학회 전체를 아우르는 하나의 결론을 내기 위해 자신의 의견을 가감 없이 말할 수 있어야 합니다. 만약 서른 살 미만인 회원들은 장유유서의 원리에 따라 선배들 결정을 따르라고 하면 어떻게 되겠습니까. 그들의 마음속에 '우리 학회의 결정이다'라는 생각이 들기는 다소 어렵겠지요.

둘째, 서로의 이익을 평등하게 배려하고 존중하는 것이 무엇인지를 늘 염두에 두어야 합니다. 회원들 중에는 다른 여러 가지 활동으로 인해 시간이 바쁜 사람도 있고, 학회 일 말고는 별다른 활동을 하지 않는 백수가 있을 수도 있습니다. 그런데 학회의 규칙이라며 일주일에 두 번씩 정해진 시간에 필히 참석하는 강행군을 하고, 혹시라도 진도에 뒤쳐지는 사람은 각자 알아서 하라고 한다면 어떻게 될까요. 처음에야, 이러한 엄격한 규율이 발전에는 더 도움되기 마련이라며 부지런하게 따르겠다는 의욕을 가질지 모릅니다. 하지만 그러한 마음이 유지되기란 여간 힘든 게 아닐 것입니다. 하나둘 '나가떨어지는' 사람이 생기기 시작하는 것이죠. 바쁜 사람들의 입장을 고려하고 배려하기보다는 규율을 위한 규율이 되어 부담스러운 의무밖에는 되지 못합니다.

또한 경제적인 문제에서 비롯한 갈등이 생길 수도 있습니다. 강의실을 빌리거나, 저렴한 요금으로 일정 시간 동안 이용하는 세미나실이 아닌, 커피 한 잔 가격이 웬만한 식사보다 비싼 커피숍에서 세미나를 합니다. 그러고는 매번 2만 원 이상씩 돈을 내야 한다고 합니다. 경제적인 여유가 없는 이들은 여간 부담스러운 게 아니지요. '정치철학'을 배우려고 학회를 만들었는데 새로 들어온 아리따운 여성 회원이 '문화인류학'을 공부하고 싶다고 우깁니다. 이때 예쁜 사람을 좀 더 배려하고 싶다는 이유로 그 의견에 큰 비중을 두는 것도 나머지 구성원들을 평등하게 존중하지 못한 행동입니다. 모임 장소를 정하는데, 과반수 연합을 구성한 회원들이 살고 있는 지역으로 결정한다면 이 역시 갈등을 초래합니다. 모임 장소가 지나치게 멀어지는 회원들은 모임에 오가는 불편함을 겪게 되기 때문입니다.

셋째, 개인의 독립성을 침해당해서는 안 됩니다. 어떤 주제로 세미나를 할지, 교재는 무엇을 참고할지 등에 대한 논의는 얼마든지 자연스럽습니다. 하지만 이를 넘어서 '우리는' 어떤 학설을 지지해야 한다느니, '우리는' 어떤 책은 보지 말아야 한다느니, '우리는' 이러한 인생관과 정치관을 가져야 된다느니 하는 것까지 집단적으로 결정해서는 위험합니다.

민주적 여건이란, 정치 공동체가 그 구성원을 어떻게 대우할 것인가의 문제를 우선시합니다. 구성원들에게는 각자의 주체성을 갖고 집단의 결정을 따를 의무가 있는 것입니다. 그러므로 구성원들은 충분히 예측 가능한 집단적 결정이라도 묵은 관습과 방법에서 벗어나 새롭게 달리 만들 수 있는 기회를 가져야 합니다. 사람의 가치에 따라 불평등한 전제에 의해서 기회가 주어져서는 안 됩니다.

A라는 사람은 강남 출신이고 B라는 사람은 강북 출신이라는 이유로, A에게 더 많은 결정권을 주어서는 안 됩니다. A는 남자고 B는 여자니까 A만 투표권을 가져서도 안 됩니다. A는 강남과 목동에 자기 이름의 집이 한 채씩 있고 B는 서울 외곽 지역에 세 들어 살고 있으니까, A에게 B보다 더 유리한 기회가 제공되어서도 안 됩니다. 가문이나 지역, 성별, 재산 등의 차이가 차별을 낳아서는 안 되며, 어떤 사람의 인생관이나 정치관, 취향을 바탕으로 차별해서도 안 됩니다.

표현의 자유를 보장하는 것은 공동체가 제 역할을 다할 가장 기본적인 의무입니다. 개인의 가치관이나 취향이 사회를 지배하는 이념이나 논리와 다르다고 해서 차별을 당하거나 권리를 침해당할 수는 없습니다. 자신의 입장을 다른 사람에게 알릴 수 있는 기회도 얻지 못하고 침묵을 강요당하다가 투표만 하라고 한다면, 이는 민주적 여건을 부인당한 것입니다. 건의사항을 말하는 직원에게 "너는 생각 같은 걸 하지 마. 생각은 내가 한다. 너는 내가 시키는 대로 따를 뿐이야!" 하고 윽박지르는 악덕 상사와 뭐가 다르겠습니까.

민주주의를 다수결과 동일한 것으로 판단했을 때 발생하는 문제는 그래서 더욱 미묘하고도 위험합니다. 다수의 입장과 대립되는 사람의 자유를 보장하는 것이 민주주의에 어긋난다고 생각할 수 있기 때문이지요. 하지만 그러한 생각은 착각에 불과합니다. 정치 공동체의 구성원은 다른 사람의 생각도 깊이 있고 넓게 받아들이는 자유를 갖고 있습니다. 단지 자신의 생각을 글로 쓰고 말하는 데에만 허용되지 않는 것입니다. 다른 사람들에게 자신이 생각하는 바를 효과적으로 설득하기 위해 단체를 조직하고, 가입하고, 정당 활동을 할 자유도 있어야 합니다. 이런 자유는 민주주의를 방해하거나 충돌하는 것이 아니라, 올바른 민주주의로 나아가기 위한 필수적이고도 기본적인 조건입니다.

공동체 결정의 전제는 평등한 배려

 따라서 다수의 결정이 정당성을 가지려면, 공동체의 모든 구성원들을 평등하게 배려하는 것에 근거해야 합니다.

사회적 소수가 이루어 가는 삶의 전망에 대해서는 관심을 두지 않으면서 다수자나 힘 있는 사람들의 입장만 염두에 두는 태도는 민주주의의 알맹이를 모두 버리고 껍데기만 남겨 두게 만듭니다. 물론 민주주의는 '결과의 불확실성'이라는 필수적 특징이 있는 정치 제도입니다. 프로그램 공식처럼 정확한 답이 있을 수 없고 그러한 정답이 있어서도 안 되는 것이지요. 지금은 소수라 할지라도 나중에 다수가 될 수 있으며, 다수의 견해는 언제든지 바뀔 수 있다는 점이 민주주의의 큰 매력입니다.

절차를 잘 따르고 지키는 것만으로 민주주의가 잘 진행된다고 판단할 수 없습니다. 표현의 자유나 투표권과 같은 형식적인 정치 참여권은 인정하지만, 소수를 차별하는 제도와 관행은 계속 유지되고 있는 경우를 생각해 봅시다. 실제로 여성이나 소수 인종에 대한 차별이 그런 식으로 오랫동안 계속되어 온 역사가 존재하지요. 그러한 차별 정책은 그 소수자가 열등한 시민이라는 신념을 내세우지 않고는 정당화될 수 없기 때문에, 민주적이지 않음이 저명합니다.

국가 경제가 어려워지는 등 위기에 봉착했을 때, 희생을 감당해야 할 주요 대상으로 '가진 것 없는' 이들을 지목하는 국회 안건이

나온다면 이는 큰 문제가 있는 국회입니다. 부자 동네에 살면서 고가 부동산을 많이 소유하고 있는 사람은 국민 전체의 2퍼센트도 안 됩니다. 하지만 국회의원이나 행정부 고위 관료처럼 공직을 맡고 있으며 의사 결정의 직접적인 힘을 가진 사람들로 이루어진 집단 안에서는 50퍼센트가 넘습니다. 그 사람들이 무엇보다 부자들의 이익을 우선시하리라는 것은 쉽게 파악할 수 있습니다.

재산을 가지지 못한 사람들에게는 경제가 어렵다고 희생을 역설하면서, 종합부동산세에 대해서는 '(2퍼센트의 눈에) 피눈물 나게 하는' 잘못된 법이라며 목소리를 드높입니다. 비정규직이 정규직에 비해 임금 차별을 받는다고 하면 정규직 임금 소득을 하향 평준화하자고 주장합니다. 그러면서도 사회 전반의 소득 불평등에 대해 문제를 제기하면, 잘사는 사람의 소득을 국가가 가져가서는 경제가 원활히 발전할 수 없다고 합니다. '가난한 사람은 바로 그 가난하다는 이유 때문에 부자들보다 덜 배려받을 수밖에 없다'는 전제가 숨어 있는 것입니다.

이러한 태도는 결국 숫자 싸움이나 권력 다툼밖에 되지 않는 우리 정치의 현주소를 보여 주는 것이자, 우리들 스스로가 초래한 비극적 결과를 나타내는 것이기도 합니다. 서로가 서로를 공동체의 도덕적 구성원으로서 동등한 관계를 맺고 있다고 생각하지 않기 때문입니다. 그러니 어떤 정치적 결과를 두고 공동체 전체의 결정으로 받아들이기가 어렵습니다. 그냥 '힘이 없었다'고 생각할 뿐입니다.

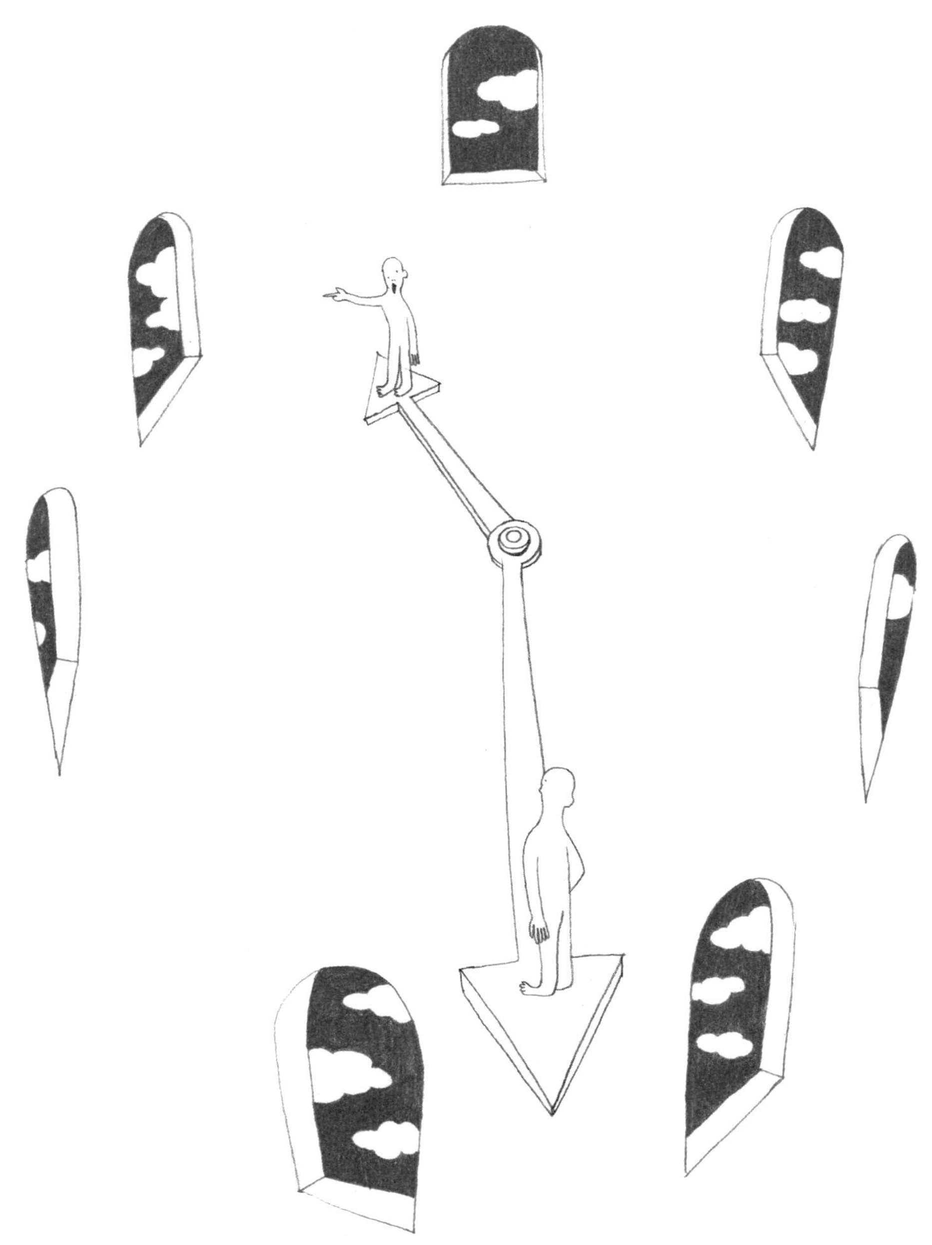

물론 우리는 지금까지 이룩해 온 민주주의를 위해 피와 땀을 흘린 이들에게 부채감을 가지고 그 자체만으로도 소중하게 여겨야 합니다. 그러나 지금까지 해 온 것만으로도 충분하니까 이제부터는 있는 절차만 잘 따라야겠다고 생각해서는 안 됩니다. 이는 나태함을 그대로 보여 주는 창피한 태도입니다. 지금 여기 우리의 민주주의를 한 번 더 재고하는 까닭은, 진정한 공동체의 구성원으로서 서로를 대우하는 시민의식을 잊지 않기 위함입니다.

개인의 독립성을 침해하는 집단적 결정은 노예의 정치다

흔히 민주주의 정치 체제에 대해 간과하고 있는 게 있습니다. 사회 전체로 보았을 때 손해보다 이득이 크다면, 개인의 독립성을 다소 침해하더라도 정책을 실행해도 된다고 생각하는 것입니다. 그렇다면, 공동체는 과연 개인의 삶을 어느 영역까지 결정할 수 있는 것일까요? 이 문제를 보다 자세히 들여다보기 위해, 정치철학자 로버트 노직Robert Nozick이 『아나키에서 유토피아로』라는 책에서 제시한 노예의 설화를 함께 살펴봅시다. 이 설화에 등장하는 한 명의 노예가 여러분 자신이라고 생각하고 읽어 주기 바랍니다.

1. 당신은 노예입니다. 잔인한 주인의 변덕스러운 기분에 고생합니다. 종종 잔혹한 구타를 당하고 한밤중에 불려 나가서 일을 하곤 합니다.

2. 주인은 보다 친절합니다. 당신은 주인이 정해 준 일을 하지 않았거나 규칙을 위반했을 때만 구타를 당합니다. 노예인 당신이 일을 잘 해내면 주인은 어느 정도의 자유 시간도 허락해 줍니다.

3. 주인은 한 집단의 노예들을 소유하고 있습니다. 주인은 노예들의 필요와 장단점 등을 고려하여 적합한 근거에 따라 작업을 할당하고 분배합니다.

4. 주인은 일주일의 사흘은 자신의 땅에서 일하게 하고 나머지 나흘은 노예들 자신의 판단에 맡깁니다.

5. 주인은 노예들이 원하는 곳에 가서 임금을 받고 일할 수 있게 허락합니다. 다만 받은 임금의 7분의 3을 자신에게 보내라고 합니다. 또한 주인의 영지 내에 긴급 사태가 발생하는 경우엔 노예들을 되불러 올 권한을 보유하며, 송금되는 비율을 높이거나 낮출 권한도 소유합니다. 더 나아가 주인은 노예들이 노동력의 가치를 떨어뜨릴 수 있는 위험하거나 모험적인 행위들, 가령 암벽 등반이나 흡연 등을 금지할 권리를 보유합니다.

6. 주인은 자신의 의사 결정권을 양도합니다. 주인은 당신을 제외한 다른 모든 노예들(자신이 보유한 일만 명)에게 투표할 권리를 부여합니다. 작업 배분이나 송금되는 돈, 금지할 사항, 협동의 결정이 그들 모두에 의해 내려집니다.

투표하는 것만이 민주주의의 전부일까?

7. 당신은 아직 투표권을 지니고 있진 않습니다. 하지만 토론회에 얼마든지 참여할 수 있습니다. 그럴 수 있는 권리는 부여받았기 때문입니다. 당신은 그들이 여러 다양한 정책을 채택하도록 설득할 수 있으며 어떤 방식으로 처우하도록 설득할 수도 있습니다. 그들은 주인이 노예의 삶에 관해 결정했던 방대한 범위의 사항을 그들끼리 투표하고 결정합니다.

8. 일만 명의 노예들은 토론에 대한 유익한 기여에 감사하는 의미로 당신에게 캐스팅 보트를 주겠다고 합니다. 자신들이 교착 상태에 빠질 경우에는 당신이 최종 결정권을 행사할 수 있으며 그 결정을 따르겠다고 약속합니다. 동시에 투표를 하되, 당신의 표는 그들이 교착 상태에 빠질 경우에만 개봉하겠다고 합니다. 이러한 교착 상태는 아직까지 한 번도 없었으므로 그들은 당신의 투표지를 개봉할 기회를 아직 갖지 못했습니다.

9. 이제 당신은 그들과 함께 투표를 합니다. 그리고 일만 명은 당신의 투표지를 자신들의 것과 함께 통계합니다. 만약 그들 투표가 정확히 양분되면 당신의 한 표가 결정적 역할을 하게 됩니다. 그러나 투표권을 갖게 되었을 때부터 죽을 때까지, 단 한 표의 차이로 무언가 결정된 적은 아직 한 번도 없습니다.

여러분은 1단계에서 9단계까지 놓인 이 이야기에서, 어디서부터가 '더 이상 노예가 아니다'라고 생각하겠습니까. 사실 9단계의 처지는 '주인이 일만 명이 되고, 대우가 인간적으로 매우 나아진 노예'와 다를 바가 없습니다. 왜냐하면 그 일만 명의 집단은 여전히 여러분을 특정한 사업에 징발할 수 있고 결혼을 하지 말라고 강요할 수 있기 때문입니다. 몇 시간 동안 꼼짝없이 일해라 시킬 수 있고 불온하다는 이유로 특정 도서를 읽지 못하게 금지할 수 있으며 어떤 일을 해야 하는지도 정할 수 있기 때문입니다.

결국 9단계에 있는 사람은 자기 삶에 대한 실질적인 통제권이 없습니다. 어떤 것 하나 자기 마음대로 할 수 있는 것이 없는 것입니다. 무엇을 하든지 집단의 허락을 우선적으로 얻어야 하며, 허락은 언제든지 철회될 수 있습니다. 자신의 삶을 주재할 수 있는 권리를 잃어버린 것입니다. 대우가 아무리 나아져도 결국 노예 상태에 있을 뿐입니다. 삶의 독립성을 갖추지 못한 구성원은 그 집단에 자기 삶을 저당 잡혔다고 생각합니다. 다른 구성원들의 필요에 따라 언제든지 삶이 훼손될 수 있으며 방해받을 수 있으니까요.

어느 대기업이 자신에게 불리한 사실을 보도한 언론에 대한 보복으로 광고를 끊고 내부 고발자에게 협박을 일삼으며, 이러한 사태를 가감 없이 비판하는 교수의 제자들은 취직시키지 않는다면 어떻게 될까요. 심지어 그러한 위협이 먹혀든다면 말입니다. 그렇다면 우리는 이미 그 기업의 노예로 살고 있는 셈입니다. 민주주의가 그 자체만으로도 규범적인 이상이라면 구성원을 노예처럼 다루지는 못할 것입니다.

우리는 깜박하는 찰나에 국가의 권력자들과 경제적 권력을 휘두르는 기업에 종속될 수 있음을 늘 자각해야 합니다. 힘 있는 언론과 다수의 대중들에게 휘둘릴 수 있음을 명심해야 합니다. 한 사회의 정치 제도인 민주주의가 이런 상황에 대해서 아무것도 하지 않고 사태가 점점 더 악화되고 있다면, 9단계의 노예를 향해 한 발자국씩 다가가고 있는 중임을 증명하고 있는 것입니다.

숫자 집계를 넘어선 이상, 민주주의

민주주의의 여건이 훼손된 상태에서 결정된 다수결 의사는 제 역할을 다할 수 없습니다. 올바른 민주주의가 되지 못하는 것이죠. '우리 편'의 숫자를 크게 만들려고 서로 싸우고 연합하는 것, 거기서 한몫하는 행동을 민주적 정치 참여라 불러서는 안 됩니다.

민주주의는 다수의 지배라는 단일 가치를 실현하려는 단순한 이상이 아닙니다. 각 구성원이 자기 통치에 참여할 수 있는 중요한 역할, 동등한 존재로서의 평등한 배려, 고유한 인생 계획을 실현하기 위해 보장받아야 하는 독립성처럼, 여러 중요한 가치를 함께 실현하고 있는 '복합적인' 이상입니다.

이 점을 분명하게 이해한다면, 정치에 대해 우리가 가져야 할 의무가 보다 명확해집니다. 침을 튀기면서 정치인들은 다 똑같다고 욕하는 것이 아니라 민주주의의 여건을 지키고 개선하는 일에 자기 몫을 다하는 것이죠. 오늘날 한국 사회에서 이러한 '자기 몫'을 다 하려면 어떻게 해야 할까요?

우리 사회에서 논의되고 있는 중요한 주제들 중 일부라도 평소에 꾸준한 관심을 기울여야 하겠습니다. 정치에 쉽사리 무관심해지거나 별다른 고민 없이 투표를 하는 구태에 빠지지 않는 게 중요합니다. 또한 정치적인 토론이 진행될 때 그 주장들을 잘 가려서, 평등한 배려와 독립성 보장의 정신을 지키는 것이 과연 무엇인가를 항상 엄밀하게 검토해야 합니다.

마지막으로 제가 꼭 강조하고 싶은 것이 있습니다. 대의 민주주의 질서의 대안이 될 수 있는 정치 제도에 관심을 가지고, 공부하며, 지지하는 일입니다. 오늘날 우리 사회의 대다수 구성원들은 공동체의 결정에 직접적으로 중요한 역할을 하지 못하고 있습니다. 간접적으로 투표를 하고는 있지만, 실제로 그렇게 뽑힌 대표자들의 책임과 역할은 그 한계가 너무도 쉽게 드러납니다. 그렇다고 복잡하고 전문적인 현대 사회에서 모든 국민이 모든 사안에 직접 투표로 결정을 할 수는 없는 노릇이지요. 그래서 요즘에는 대표성을 가진 시민들이 깊이 있게 사안을 토론하고 결정하면서 공적인 결정권을 갖게 만드는 심의 민주주의 제도가 정치학자들 사이에서 활발히 논의되고 있습니다. 아직까지는 광범위한 공감을 얻지 못하고 있습니다만, 한계에 봉착한 대의 민주주의에 관한 이해와 공부가 절실합니다. 지금 우리에게는 엘리트주의와 중우 정치의 위험성을 벗어나면서도 구성원들이 정치 제도에 있어 중요한 역할을 할 수 있기 위한 고민과 탐색이 요구됩니다. 그리고 그것을 도입하기 위해 행동하는 자세는 이 시대에 민주주의를 고민하는 모두에게 필요한 덕목입니다.

5장

사회의 '정의로움'은 어떻게 판단해야 할까?

사람은 누구나 자기 자신을 소중하게 생각하기 때문에, 서로 다른 요구가 어긋나는 상황이 생깁니다. 이러한 요구들을 분명하게 조정해 줄 수 있는 '법'이라는 공공의 규칙 덕택에 안심하고 자기 삶을 꾸릴 수 있지요. 그런데 법이 그 자체만으로 항상 옳음을 증명하지는 않습니다. 과거 우리 사회는 '법'이라는 이름으로 얼마나 많은 무고한 희생자를 만들었던가요. 법이기 때문에 반드시 지켜야 한다는 의무를 넘어, 옳지 않은 법을 무조건적으로 지킬 필요가 없다는 '시민 불복종'에 대해서도 살펴보아야 합니다. 사회 구성원으로서 우리는 늘 정의로운 사회의 구현을 원하기 때문입니다.

공공의 약속, 핍박의 약속

지금 우리에게는 당연하고 자연스럽게 받아들여지는 권리들이, 전혀 당연하지 않았던 시절이 있었습니다. 19세기 미국에서는 여성의 참정권이 인정되지 않았습니다. 당시 미국 사회에서 여성 참정권을 주장하는 사람들은 소수에 불과했습니다. 그들은 여성에게 투표권과 공직을 맡을 권리를 달라는 하나의 목표를 위해 수십 년간 끈질기게 투쟁을 벌였지요. 하지만 정치 제도는 꿈쩍도 하지 않았습니다.

그러던 어느 날인 1872년 11월 5일, 수전 B. 앤서니는 유권자 등록을 하고 투표함에 표를 던졌습니다. 당시 미국에서는 유권자가 아닌 사람이 유권자로 등록하고 투표하면 처벌을 했습니다. 결국 수전은 체포되어 감옥에 갇히게 되었고 벌금형을 선고받았습니다.

여기서 우리는 두 가지 질문을 던질 수 있겠습니다.

첫째, 부정의하다고 여겨지는 법에 복종하지 않는 것은 옳은 행위인가?

둘째, 수전과 같은 소수자가 법에 불복종하였을 때, 정부나 많은 수의 사람은 어떻게 반응해야 하는가?

이 질문에 답하기 위해서 우리는 '찬성표를 던지지 않았고 동의하지도 않는 법에 복종할 의무가 왜 존재하는지'를 우선적으로 알아보려고 합니다. 법에 복종해야 하는 이유를 먼저 이해해야, 불복종의 이유도 따져 물을 수 있기 때문이지요.

불완전한 사회에서 법을 따를 의무

물론 법이 힘을 가지고 있기 때문에 그 자체만으로 법을 중요시하는 사람들도 많습니다. 하지만 여기서 '때문에'라는 부분은, 강도가 칼을 가지고 있기 '때문에' 협박에 못 이겨 돈을 주는 상황 논리와 크게 다르지 않습니다.

내가 얻을 수 있는 이익을 고려했을 때는 힘을 가진 자의 말에 복종하는 것이 나은 경우가 있습니다. 그러나 의무를 기준으로 판단하였을 때는 다릅니다. 어떤 준칙에 힘이 부여되느냐 아니냐의 여부는 그것을 따라야 할 근본적 이유에 아무런 보탬이 되지 않습니다. 사회를 지배하는 가장 중요한 규칙으로 '법'을 인정하는 것은 법이 그 자체만으로도 힘을 가지고 있기 때문이 아닙니다.

그렇다면 사회 구성원이 법을 지켜야 하는 기본적인 의무는 무엇에서 비롯되는 것일까요? 그것은 바로 '공정한 책임을 질 의무' 때문입니다. 사회란 구성원들이 협동해서 혼자서 이룰 수 없는 많은 것들을 이루게 되는 공동의 집단입니다. 사람들은 협동해서 공동의 이익을 얻기도 하지만 서로 다른 가치관을 갖고 있습니다. 또한 누구나 자기 자신을 무엇보다 소중하게 생각하기 때문에, 각자의 요구가 상충하게 될 수밖에 없지요.

따라서 가치관과 소망이 다른 사람들 사이에 발생하는 요구들을 분명하게 조정해 줄 수 있는 규칙이 꼭 필요합니다. 법이라는 공공의 규칙 덕택에 사람들은 공정한 이득을 누리면서도 안심하고 자기 삶을 꾸릴 수 있습니다. 법을 만들려면 공동체가 집단으로 논의해서 결정하는 게 보통이지요.

바로 여기서 문제가 발생합니다. 아무리 최선의 이론을 동원해도, 언제나 모두를 만족시키는 결론이 나올 수는 없는 것입니다. 가장 최선의 결론만 도출하는 민주주의 제도를 고안할 수도 없고요. 따라서 자신이 생각하기에는 어리석게 느껴지는 법이라도 일단 따라야 한다는 공정한 부담을 질 수밖에 없습니다.

　법을 지킬 의무는 '돈 몇 푼 더 벌기 위한' 경제적 이득이나 '같이 살면 만족스러운' 심리적 이득 때문에 비롯되는 게 아닙니다. 공공의 규칙이 주는 혜택을 누리기 위한 공정한 책임감을 바탕으로 하는 것입니다. 이는 '공정성'이라는 정의의 원칙에서 나옵니다. 하나하나의 상황이 이러한 논의를 모두 만족시켜 주지는 않습니다. 하지만 법이 도입된 절차나 근거는 정의에 부합한다는 점을 전제로 합니다. 정의의 원칙에 따라 운영되는 사회에 살면서 법을 지키지 않는다면, 그 사람은 무임승차자라고 할 수 있겠지요. 이러한 사람은 상금을 타려고 경기에 참가하면서도 룰은 지키지 않는 선수와도 같습니다. 자신의 마음이 영 내키지 않거나 자신에게 불리할 때면 이 부담을 지지 않으려는, 공정하지 못한 사람입니다.

　이를 거꾸로 생각해 보면 정의로움이 완전히 상실된 사회에서는 법 준수의 의무가 아무런 의미도 갖지 않는다는 결론에 도달합니다. 그런 사회의 법은 공공의 약속이 아니기 때문입니다. 우연히 같은 곳에 모이게 된 사람들 중 일부가, 다른 일부를 지배하기 위해 내리는 명령에 불과한 것이니까요.

　문제는 완전히 정의로운 사회도 아니고 정의가 완전히 상실된 사회도 아닌, 그 사이에 있는 사회입니다. '불완전한 사회'이지요. 불완전한 사회에서는 정의롭지 않다는 이유로 법을 따르지 않아도 된다고 쉽게 말할 수 없습니다. 또한 정의를 이유로 법을 따르지 않는 사람이라고 해서 무임승차자라고 단정 지을 수도 없습니다.

"이쪽도 아니고 저쪽도 아니면, 대체 뭘 말하는 거지? 아무런 해답이 없단 뜻인가?"

그러나 실마리는 이미 나와 있습니다. 법의 절차나 내용이 사람을 불평등하게 대우함으로써 그 부담이나 이득이 불공정하게 돌아간다는 점이 분명하다면, 이때 법은 불복종의 대상이 될 수 있는 것입니다.

먼저, 구성원의 대다수 또는 일부가 '자유롭게 말할 수 있는 권리'를 박탈당한 경우를 예로 들어 보죠. 이들은 어떤 정책에 관해 자신의 견해를 말할 수 없고 찬성인지 반대인지에 대해서도 밝히지 못합니다. 이러한 틈을 타 사회는 중대한 정책들을 마구 통과시키고 있습니다. 구성원 간의 논의도 제대로 이루어지지 않은 채로 말이지요. 사회 구성원들은 그것이 과연 따를 만한 것인지를 진지하게 생각할 기회조차 가지지 못했습니다. 이렇게 도출된 집단적 결정은 누가 보아도 문제가 많습니다. 합리적이고 비판적인 소통이 결여되었기 때문입니다. 이는 어리석은 결과를 낼 뿐 아니라 사회 구성원들의 권리를 침해할 확률 또한 높습니다.

예로부터 독재자들이 가장 중요하게 생각한 것은 언론 통제, 그리고 국민의 눈과 귀와 입을 막는 행위였습니다. 정치적 표현의 자유를 박탈하는 법은 그 존재 자체만으로도 부정합니다. 사회 구성원의 일부가 참여의 기회를 갖지 못하는 상태가 지속되는 경우도 마찬가지입니다. 이들은 참여권이 없는 타자적인 입장에서 공동체의 의사 결정이 진행되는 과정을 바라보게 됩니다. 이러한 경우, 법을 무조건 따르라는 요구는 정당성을 갖지 못하는 게 당연합니다. 따라서 표현의 자유와 참여의 자유가 훼손당했을 경우에 우리는 불복종의 이유를 가집니다.

다음으로 알아볼 것은 이익 추구의 목적으로 사회적인 논의가 진행되는 경우입니다. 이는 모두를 평등하게 배려하는 데에 가치를 두지 않습니다. 어떻게 하면 숫자로 밀어붙일까, 무슨 수를 써서 사람들을 속일까, 들키지 않고 은밀하게 나의 이익을 추구할 방법은 없을까 등을 염두에 두고 논의가 진행됩니다. 이때 힘이 약하거나 머릿수를 아무리 모아도 소수에 지나지 않는 사람들은 형식적인 발언은 할 수 있어도 진정으로 의사 결정 과정에 참여했다고는 보기 어렵습니다.

다수결이라는 형식적인 절차만 밀어붙이고 소수의 입장을 제대로 고려하지 않는다면, 의사 결정의 정당성은 심각한 손상을 입습니다. 평등한 배려를 상실한 사회에서 결정되는 여러 가지 논의는 매관매직에 가깝게 운영되는 사회 구조와 다를 바가 없습니다. 이런 사회에서는 한쪽에서 사치품에 돈을 펑펑 쓰고 있는데 다른 한쪽에서는 사람들이 중병에 걸리거나 굶어 죽는 사태가 발생하기도 합니다. 협동해서 다같이 이득을 얻는 사회라고 말할 수 없는 겁니다. 그러므로 심각하게 불평등한 법질서가 지속되는 경우에 우리는 불복종의 이유를 가집니다.

공동체가 구성원의 삶을 모두 통제하는 상황은 어떨까요. 공동체의 다수가 자신들의 종교, 가치관, 삶의 방식이 옳다고 단정 짓는다고 생각해 봅시다. 그러고는 다수결 의사 결정에서 어긋나는 모든 것을 금지하는 것이죠. 이러한 공동체는 구성원들에게 참여의 기회와 표현의 자유는 줄 수 있을지 모르지만 독립적인 삶의 영역을 인정하지는 않습니다. 이 경우에도 우리는 불복종할 수 있습니다.

일그러진 법의 시대

우리는 될 만한 가능성이 없는 상황을 두고 '가망이 없다'는 표현을 곧잘 사용하지요. 민주주의의 여건이 절박하리만큼 일그러져 있을 때, 사회 질서가 전면적으로 바뀌지 않고서는 회복이 어려울 때, 그 사회는 더 이상 '가망이 없다'고 보는 편이 차라리 나을지도 모릅니다.

한국의 근현대 역사 속에도 그러한 불행의 순간이 여러 번 있었습니다. 국가 주권을 억지로 빼앗은 소수가 국민들의 자유로운 발언도, 집회도, 회합도, 조직 결성도 금지하였지요. 법에 따른 판결조차도, 권력이라는 이름 아래 벌어지는 범죄였을 정도입니다. 군

사독재 시절에는 헌법에 '긴급조치'라는 대통령의 권한을 규정해 놓았습니다. 국가의 안정과 질서 유지를 위해 대통령이 국민의 자유와 권리를 제한할 수 있는 특별한 조치였습니다. 실제로 1974년부터 1979년까지 7차례에 걸쳐 그 권한이 행사되었습니다. 수많은 사람들이 부당하게 잡혀갔고, 수십 명이 넘는 이들이 사형을 당하였습니다.

이처럼 민주주의의 여건이 무참하게 훼손된 상황에서 행해지는 시민들의 불복종은 필수불가결할 수밖에 없습니다. 대규모 시위를 통해 정부 자체를 전복하거나 엉터리 같은 사회 질서를 올바르게 바꾸려는 시민들의 행위가 정당성을 얻는 것이죠. 그 과정에서 국가 권력과의 물리적 충돌이 있을 수 있습니다.

이러한 일들이 이제는 모두 과거사라고 치부할 수만은 없습니다. 한국뿐 아니라 그리스나 스페인, 독일, 칠레 등 대의 민주주의 국가들은 군사독재에 인권을 짓밟히는 역사적 경험이 있습니다. 이에 대한 전면적 저항이 정당했던 과거에 비해 지금은 꽤 나아졌으니, 앞으로는 정부의 뜻을 무조건 따라야 할까요? 혹시라도 '그렇다'고 고개를 끄덕거리고 있는 사람이 있다면, 이는 법을 왜 지켜야 하는지에 대한 근본적인 이유를 망각하는 셈입니다. 권력이라는 이름으로 민주주의의 여건이 전면적으로 훼손될 때, 혁명적 불복종은 과거와 현재와 미래라는 시기적 문제에 상관없이 언제나 옳은 일입니다.

다만, 오늘날 우리 사회처럼 민주주의의 여건의 상당 부분이 지켜지고 있을 때에는 혁명적 불복종이 아니라 '시민 불복종'이 검토의 대상이 됩니다. 시민 불복종은 혁명적 불복종과는 달리, 직접 물리적인 실력 행사를 포함하지 않고 시민들의 정의감에 호소해서 법의 부정의에 대해 반성을 촉구하는 행위입니다.

존 롤스의 『정의론』이 말하는 시민 불복종의 요건

정의 이론에 관한 20세기 최고의 철학자 존 롤스^{John Rawls}는 그의 저서 『정의론』에서 시민 불복종의 요건을 밝힌 바 있습니다. 롤스가 제시한 요건을 살피면서 시민 불복종의 구체적인 모습을 이해하도록 하겠습니다.

첫째, 시민 불복종은 단지 자신에게 불리한 법률이나 정책에 저항하는 태도를 뜻하지 않습니다. 사회 구성원을 수단이나 도구로 다루는 권리 침해에 항의하는 행동을 뜻하는 것이죠. 시민 불복종은 정의를 침해한 법률이나 정책에 항의합니다.

최근 미국에서는 공공 의료보험 법안이 통과되었습니다. 오바마 대통령이 전 국민을 대상으로 새로운 공공 의료보험을 실시하기로 한 것이지요. 공공 의료보험이 주창된 캐나다는 시스템이 잘 운영되고 있는데 미국은 왜 못 하는지에 대한 자각을 논거로 삼았습니다. 사실 캐나다 역시 처음부터 순조롭게 공공 의료보험이 자리를 잡은 것은 아닙니다. 캐나다 의료보험은 1962년 신민주당에 의해 서스캐처원^{Saskatchewan} 주에서 처음 도입되었습니다. 당시 의사들은 의료보험 시행을 맹렬히 반대하였습니다. 파업까지 선언할 정도였지요. 결국 주 정부는 국제적인 지지를 호소하게 되었습니다. 캐나다를 방문한 영국의 의료진들은 주민들에게 의료 혜택을 무료로 베푸는 한편, 의사들을 지속적으로 설득하였습니다. 이런 진통 끝에 공공 의료보험이 도입된 것입니다.

캐나다 의사들의 입장은 이러했습니다. 공공 의료보험이 도입되면 환자와 의사 사이의 신뢰가 무너지고 의료의 질이 떨어진다는 것이었죠. 하지만 이러한 문제가 의료보험을 반대하는 이유의 전부였을까요? 사실 그들의 속내는, 혹시라도 수입이 줄어들까 여러 가지로 마음이 쓰이고 걱정되는 것이었습니다. 신뢰가 무너지고 의료의 질이 떨어질까 우려하는 것은 정의에 대한 확신이 없어서가 아닙니다. 정책의 효과에 대해 정부의 입장과는 다른 견해를 제시한 것일 뿐이지요. 일정한 수준의 고소득을 올릴 수 있다는 기대만으로 권리를 내세울 수는 없으니까요.

한국에서도 의약분업 정책을 처음 시행할 당시 많은 갈등이 있었습니다. 한국의 의사들 역시 위와 비슷한 이유로 파업을 감행했고요. 갈등의 핵심은 의약분업의 효율성, 그 자체였습니다. 이에 대해 의사들은, 소득상의 불이익을 얻고 현명하다고 생각하지 않는 제도가 도입되는 상황이라고 판단한 것입니다. 공동체의 집단적 결정으로 인해 자신들이 불리한 처지에 놓이게 되었다고요. 그러나 이러한 입장은 사회적인 논쟁거리에 대한 하나의 견해일 뿐 그 이상의 의미를 갖지 못합니다.

따라서 우리는 이성적이고 객관적인 판단 아래 정의롭지 않음에 대한 기준을 세워야 할 것입니다. 누구에게는 유리하고 누구에게는 불리한 상황이 있기 마련입니다. 이때 주관적인 판단만으로 부정의를 결정짓고 불복종할 수 있다고 생각하면 큰 오산인 것이죠. 알고 보면 '불리한 이익'에 지나지 않는 일일 수 있기 때문입니다.

둘째, 시민 불복종은 공공의 행위입니다.

제2차 세계대전 당시까지만 해도 영국에는 동성애를 처벌하는 법률이 있었습니다. 뛰어난 수학자이자 논리학자이기도 했던 튜링Turing은 동성애자였습니다. 그는 나치 독일군의 암호인 이니그마Enigma를 해독하는 데 큰 기여를 했지만 동성애자라는 이유로 감옥에 갇히고 강제로 호르몬을 처방받아 삶을 마감했습니다. 중국 청나라 말기에 잠시 존재했던 태평천국 운동의 지도자 홍수취안洪秀全의 사례 또한 흥미롭습니다. 그는 자기 자신은 수많은 궁녀를 거느렸지만 평민들은 남과 여의 만남 자체를 금지하였습니다. 부부 사이라고 할지라도 만날 수 없었지요. 만일 이를 어기고 만나서 사랑을 나누게 되면 즉각 목숨을 끊어 버렸습니다.

위와 같이 도리와 정의에 어긋나는 법이 있을 때, 이를 피해서 자

신의 삶을 영위하는 행동은 법에 대한 불복종이기는 하지만 시민 불복종은 아닌 것이지요. 하지만 앞서 제시한 중국 청나라 말기 태평천국에 사는 어떤 부부가 "이 법은 부당하다! 우리는 지금 매일 만나고 있다"라고 외친다면 이는 시민 불복종의 특성을 지니게 됩니다.

셋째, 시민 불복종은 비폭력적입니다. 여기서 '비폭력'이라는 단어가 의미하는 바는 어떠한 물리력도 행사하지 않겠다는 것이 아닙니다. 다른 사람을 해치거나 해칠 위험성이 있는 행위가 아니라는 뜻입니다.

1960년의 어느 날, 미국의 노스캐롤라이나 North Carolina 주에서는 인종차별에 항의한 연좌 농성이 일어났습니다. 당시에는 식당에서 백인과 흑인이 앉을 수 있는 좌석이 따로 있었는데, 노스캐롤라이나 농업기술대 흑인 대학생 4명이 백인 좌석에 앉아서 음식을 주문했습니다. 식당 주인이 주문을 거절하자 경찰이 연행할 때까지 버텼습니다. 이렇게 앉아서 버티는 행위는 흑백 좌석 분리가 합법적이었던 당시에는 식당 주인의 영업을 방해하는 행동이었습니다. 그러나, 그렇다고 해서 경치 좋은 해변에 앉아서 뉘엿뉘엿 넘어가는 석양을 바라보며 '인종차별을 반대한다!'라고 외칠 수는 없는 노릇입니다. 항의의 대상과 장소는 밀접하게 연관될 수밖에 없습니다. 인적 드문 하와이 해변에서 태양을 향해 외치는 소리에 귀 기울일 사람은 흔치 않으니까요.

시민 불복종은 고의적으로 법을 위반하는 행위입니다. 때문에 다른 사람들에게 어떠한 불편도 주지 않거나 모든 사람의 이익에 부합할 것이라는 기대는 애초부터 불가능합니다. 그러나 흑백분리 제도에 반대한다는 이유로 난폭한 행동을 선동한다면 이는 시민 불복종의 범위를 넘어선 결정입니다. 인종차별주의로 인해 흑인의 식당 출입을 금지하는 백인에게 폭행을 가해서는 안 될 것입니다. 폭력은 쉽게 전염되기 때문에 해결하고자 했던 문제는 온데간데없이 서로를 향한 끝없는 분노만이 남게 됩니다.

넷째, 시민 불복종은 최후의 정치 행위입니다.

시민 불복종은, 지켜야 하는 법을 어긴다는 측면 때문에 일상적으로 고려하는 정치 행위는 될 수 없습니다. 따라서 다음과 같은 상황에서 우리는 법을 위반하는 정치적 행위를 고려하게 됩니다.

- 정치적 다수에게 여러 가지 정상적인 방식을 거쳐 호소했지만 소용이 없을 때
- 기약 없는 미래를 기다리기에는 피해와 상실이 심각할 때

시민 불복종의 요건은 그 동기와 상황에 따라 상대적으로 적용됩니다. 요건이 엄격하게 적용되는 경우도 있고 간소하게 적용되는 경우도 있는 것이죠. 선한 삶을 살기 위한 최소한의 규칙을 어기라고 법이 강요하고 있다면 어떨까요. 이러한 법은 오히려 불복종하는 것이 개인의 우선적인 의무가 될 것입니다. 예를 들어 본다면 어

떠한 상황이 있을까요?

권력의 입맛에 맞는 왜곡된 언론 보도를 강요당하거나 부정의한 전쟁에 참가해야만 하는 상황이 있을 수 있겠네요. 또 국가가 일부 국민을 학살한 사실을 은폐하는 것에 동의할 수밖에 없거나 쿠데타로 집권한 독재자의 권력 유지를 위해 정치범을 사형하는 일에 가담하는 상황도 있겠지요. 도망 노예를 노예주나 관계 당국에 넘겨주어야 되는 상황에 직면했을 때 역시 마찬가지고요. 테러와 같은 난폭한 폭력이 선행되지 않는다면, 이러한 경우에는 정의로움을 상실한 법을 어기는 편이 차라리 '옳은 일'을 행하는 태도입니다.

수전 B. 앤서니의 행위는 시민 불복종이었는가

다시 수전 B. 앤서니의 경우를 살펴보도록 합시다. 앞서 보았듯이, 그녀는 여성 참정권이 허용되지 않았던 19세기 미국에서 유권자 등록을 하고 투표함에 표를 던졌습니다. 당시 여성들은 재산 상속, 재산 분할, 이혼, 자녀 양육 등의 많은 불리를 겪었습니다. 그럼에도 그것을 개선하고 변화시킬 합당한 기회조차 얻지 못하였지요. 이것만으로도 시민 불복종의 이유는 충분했습니다.

또한 수전은 자신의 투표 행위를 공개적으로 알렸습니다. 비밀스럽게 표가 계산되어 몰래 행사하기를 바라지 않은 것입니다. 이는 시민 불복종의 요건인 '공개성'을 충족합니다. 수전은 단지 기분이 나쁘거나 생활이 불편하다는 이유로 투표를 한 게 아닙니다. 참정권이 없는 상태 자체가 부정의함을 인식했기 때문입니다. 따라서 시민 불복종은 '부정의한 법질서'를 대상으로 한다는 요건 역시 충족되었습니다.

마지막으로, 수전은 어떠한 폭력도 행사하지 않았고 법정에 나가 자신의 입장을 당당하게 설명하였습니다. 이로써 '비폭력을 바탕으로 한 성실한 호소'의 요건도 갖추었습니다. 여성들이 줄기차게 자신의 권리를 주장하더라도 사회 문제를 결정하는 힘은 대부분 남성의 몫이었습니다. 당시 대다수의 남성들은 여성 참정권 문제에 무관심했습니다. 원래 그런 지위에, 처지에, 상태에 존재하는 것이 바로 여성이라는 인식이 뿌리박혀 있었던 것이지요. 시민 불복종은 합법적인 수단을 다 동원하고 난 '최후에' 이루어진다는 요건 역시 갖추어졌습니다.

따라서 우리는 앞서 던졌던 두 가지 질문 중 첫 번째 질문, '부정의하다고 여겨지는 법에 복종하지 않는 것은 옳은 행위일 수 있는가?'에 대한 답을 말할 수 있게 됩니다. 수전이 행한 일은 시민 불복종이었으며, 의식 있는 신념을 지닌 사람이 취할 수 있는 옳은 행위였습니다. 이제 두 번째 질문인 '수전과 같은 시민 불복종자를 정부나 다수자는 어떻게 대우해야 하는가?'에 관해 헤아려 보도록 하지요.

시민 불복종을 통해 소수자가 주장하는 바는, 사람이 누려야 할 기본적인 권리입니다. 예를 들어 흑백분리에 항의해서 버스의 백인 좌석에 앉아 있는 흑인은 인종에 상관없이 편한 좌석에 앉을 수 있는 권리를 주장하는 것입니다. 불복종의 목적은 침해당한 권리를 바로잡기 위한 것이지, 불복종을 위한 불복종이 아닙니다. 베트남전이 일어났을 당시 미국에서는 전쟁에 반대하는 많은 젊은이들이 거리로 나왔습니다. 나체 시위로 항의 의사를 표명했던 것이죠. 누구나 알고 있듯이 거리를 나체로 돌아다니는 것은 '해서는 안 되는' 행동입니다. 이처럼 '간접적' 시민 불복종의 경우에는 위와 같은 문제들이 더욱 두드러집니다. 간접적 시민 불복종은 부정의한 법 자체를 위반하는 것이 아니라, 동료 시민들에게 호소하기 위해 그 법과 무관한 다른 법을 위반하는 행위이거든요.

이를 바탕으로 볼 때, 시민 불복종은 보편적인 권리에 속하지는 않지만 소수자의 입장에서는 옳은 행위가 될 수 있습니다. 도덕적 성실성과 진지함을 중요하게 고려해야 하는 예외적인 정치 행위라고 보는 편이 타당할 것입니다. 따라서 '정부 혹은 사회 구성원의 다수는 시민 불복종에 어떻게 대응해야 하는가?'라는 질문에 답할 때 단순화의 함정에 빠져서는 안 됩니다. 무조건 처벌해야 한다거나 처벌하지 말아야 한다는 이분법적 사고로 양분하여 가릴 수 없기 때문입니다.

하지만 현실적으로는 조금 다릅니다. 상당수의 법학자들이 시민 불복종은 원래 처벌을 감수하는 행위이므로 무조건 처벌해야 한다는 주장을 교과서에 명시하고 있습니다. 시민 불복종을 행한 것은 소수자들의 옳은 판단이었다고 인정하면서도, 다른 범법자들과 똑같이 법대로 처벌하라고 결론짓는 태도는 일관성이 없습니다. 시민 불복종을 감행한 시민들은 다른 범법자들과 결코 똑같지 않습니다. 그들은 '법에 따를 의무'라는 공정한 책임을 회피하는 것이 아니라 진지한 호소를 통해 불이익을 감수하고서라도 잘못된 모습을 바로잡고자 하는 사람들이기 때문입니다.

그러므로 우리는 시민 불복종자들이 제기한 사회적인 문제들을 우선 찬찬히 살펴보고 반성할 의무가 있겠습니다. 그들이 국가적인 손해를 끼치고 법을 위반하고 있다는 주장만 일삼는 자세는 바람직하지 않습니다. 정작 중요한 핵심은 보지 않고 그들 때문에 국가 신용 등급이 내려간다느니, 손해가 몇십 억이라느니, 국가 정책에 차질이 빚어졌느니 하는 비난만 해서는 안 되는 것이죠. 만일 법의 부정의를 못 본 체하지 않고 양심적으로 대처한 사람들에게 다른 범법자들과 똑같이 무거운 벌을 내린다면, 그 사회는 정의에 어긋난 방향으로 나아갈 가능성이 높습니다. 따라서 구체적인 시민 불복종 행위를 놓고 그 이유나 요건이 제대로 갖추어졌는지 신중하게 검토해야 하겠습니다. 만일 그것이 이 사회의 중대한 문제를 제기했고 법을 복종하지 않을 수 있는 정당한 요건을 제대로 갖추었다면, 처

벌을 하지 않거나 혹여 처벌을 한다 해도 다른 범법자에 비해 그 정
도를 훨씬 약하게 해야 할 것입니다.

네가 어기면 불법, 내가 어기면 정의?

현실의 정치는 완전하지 못한 게 사실입니다. 따라서 민
주주의의 여건을 올바르게 세우고, 터무니없는 결정을 바
로잡기 위한 시민 불복종을 정치 문화의 일부로 인정해야 합니다.
자유로운 정치적 표현, 보통선거, 비밀투표가 우리 사회의 정치적
문화의 일부인 것처럼 말이죠. 시민 불복종 역시 정치 공동체에 온
당하게 속하는 문화입니다.

우리는 살아가는 동안 소수자의 입장에 처하기도 하고 다수자의
입장에 처하기도 합니다. 소수자 입장에 처할 때는 이익을 침해당
하는 부당한 법적 상황에 목소리를 높이게 됩니다. 다수자의 입장
에 속하거나 힘 있는 자의 자리에 앉을 때는 '법은 무조건 지켜야
한다'는 원칙을 고집하는 경향을 보이지요. 자신의 이익이 어느 쪽
에 바탕이 되느냐가 행동의 판단 기준을 세우게 됩니다.

어느 국회의원이 교원의 노동조합원 명단을 공개했습니다. 공개
해서는 안 되는 법원의 결정이 있었는데도 불구하고 말입니다. 그
가 이러한 행동을 하게 된 판단 기준은 '알고 싶어 하는 사람들이

있다'는 것이었습니다. 우리는 이러한 행위를 두고 불복종의 이유와 요건을 갖춘 옳은 판단이었다고 볼 수 있을까요? 그는 진정 부정의에 항거한 것일까요?

'알 권리'라는 말은 아무 때나 편리하게 사용할 수 있기에 때때로 악용될 가능성을 품고 있습니다. 알 권리는 상당히 복잡한 판단을 요합니다. 자율성을 왜곡시키지 않고도 공개될 만한 정보인지, 민감한 영역이므로 무차별적으로 공개할 수 없는 정보인지를 판단해야 합니다. 알 권리라는 단어를 쓴다고 해서 그 문제가 시민 불복종을 요구하는 심각한 부정의가 될 수는 없는 것이지요.

때로는 권력을 가진 사람들이 마음대로 법을 해석하는 상황도 생길 수 있습니다. 선거의 논점에 속하는 사회적 이슈에 대해서 입장을 표현하고 토론하는 일을 불법이라고 규정하는 것이지요. 그러한 논점 중 하나를 '4대강 정책'이라고 가정해 봅시다. 시민들은 4대강이 한 번 변형되어 버리면 복구하기가 대단히 어렵기 때문에, 이 정책이 현 세대와 후손의 환경 기본권에 크나큰 영향을 미치는 문제라고 생각합니다. 그런데 그 문제를 충분한 토론과 평가 절차를 거치지 않고 결정하였기 때문에 기본권이 침해되었다고 우려하는 것이죠. 시민 단체를 통해서 이 문제에 대해서 알리고 이야기하며 항의하려고 하는 까닭이 바로 여기에 있습니다.

그런데 국가의 입장은 다릅니다. '지금은 선거 기간이니 그것을 함부로 논하지 말라'고 이야기합니다. 아이러니하지 않나요? 핵심적이고 중요한 사안을 제쳐 두고, 우리는 무엇을 기준으로 대표를 뽑아야 할까요. 이것은 민주주의 여건 중 '공동체의 결정에 중요한 역할'을 할 기회를 가장 중요한 시기에 박탈하는 셈입니다.

위와 같은 사례들을 구별하지 않고 '똑같이 법을 어기는 짓'으로 치부하지 않으려면 우리는 왜 법을 지켜야 하는지, 법을 지키지 않는 것이 오히려 옳은 행위가 될 수 있는 건 언제인지 헤아려 보아야 합니다. 비판적 사고를 잃지 않고 뚜렷한 신념을 가지고 사회의 정의로움과 부정의를 판단해야 합니다. 그러면서 민주주의와 법의 근본적 이상이 우리에게 정말로 요청하는 바가 무엇인지 늘 생각해야 할 것입니다.

6장

공동체, 그 경계에 선 사람들을 위하여

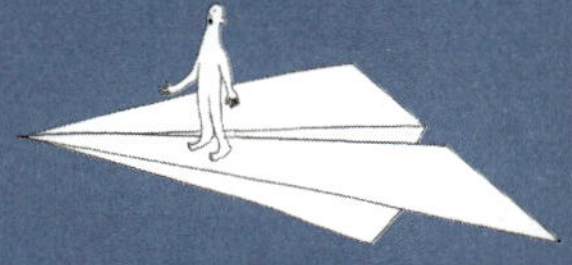

'우리'라는 말은 참으로 위험하기 짝이 없습니다. 우리가 아닌 사람들을 얼마든지 멸시하고 버릴 수 있는 게 우리의 또 다른 모습입니다. 우리를 지키기 위해 '사람'을 잃어가는 것입니다. 지금 우리 사회는 약자와 소수자가 힘이 없다는 이유로 많은 부분 불이익을 당하고 제대로 대우받지 못합니다. 전 세계적으로는 어떠할까요. 질병과 굶주림으로 죽어 가는 사람들, 어쩔 수 없는 가난이 반복되는 사람들… 참 많은 사람들이 있습니다. 또한 '외국인 노동자'라는 딱지로 인해 영원한 이방인으로서 남아야 하는 이들 역시 마찬가지입니다. 공동체의 바람직하고 옳은 의무를 생각하며 진정한 '우리'를 생각해 보지요.

공동체의 특별한 힘

앞서 우리는 공동체의 구성원이 지녀야 할 의무에 대해 살펴보았습니다. 사회 공동체와 구성원이 특별한 도덕적 관계를 맺을 때 '진정성'을 얻게 된다고 했지요. 사람들은 그 사회의 집단적 임무를 위해 동원되는 도구가 아닙니다. 스스로 목적으로 대우받으며 서로 힘을 합하여 돕는 존재입니다. 그래서 다른 사람을 철저히 수단으로 다루면서 자기 이익만 추구하는 사람은 공동체와의 특별한 관계를 부인하는 셈입니다.

우리가 직접적으로든 간접적으로든, 특별한 관계를 맺고 있는 사람들에 대해 의무를 갖는 것은 쉽게 이해됩니다. 인생을 살아가면서 누구나 좋든 싫든 공동체의 힘을 느끼니까요. 사람들이 제일 크게 느끼는 관계의 힘은 뭐니뭐니 해도 가족일 겁니다. 가족은 왜 특별한 의무를 발생시키는 것일까요. 어떤 사람이 '우리 가족'이라는 주제로 다음과 같은 글을 발표했다고 상상해 봅시다.

결혼 적령기가 된 어머니와 아버지는 경제적 안정과 성공을 보장해 줄 최적의 평생 동업자로 서로를 생각했다. 그리고 노후 보장을 든든하게 해 줄 만한 아이들을 낳았다. 형, 누나, 내가 태어난 이유다.

우리 가족은 상대방이 나에게 얼마나 이득이 될까를 늘 고민한다. 평소에 너무 이기적으로 굴면 어려울 때 도움을 받지 못하니까 조심해야 한다. 부모님은 성적이 나쁜 자식은 노후 보장에 별 도움도 안 된다고 생각했다. 우리 형은 학교 성적이 좋았다. 그래서 형은 비싼 사립대에 갔고 누나와 나는 고등학교까지만 다녀야 했다. 형은 설날에 비싼 차를 몰고 고향에 내려와 자신의 성공을 자랑한다. 형은 탐탁지 않지만 평판이 떨어지지 않기 위해 부모님께 용돈을 드리는 모양이다.

부모님은 상속할 유산이 아직 남았다면서, 잘 대해 주는 자식에게 그만큼 많이 상속될 것이라고 늘 강조하신다. 형과 누나, 그리고 나는 부모님의 남은 수명과 줄어가는 재산을 주의 깊게 관찰하면서 부모님에 대한 대우를 적절히 조절한다.

어느덧 결혼 적령기가 된 나 또한 경제적 성공과 삶의 안정을 보장해 줄 최적의 파트너를 찾았다. 그리고 노후를 보장해 줄 만한 자녀들을 낳아 양육할 예정이다.

다소 현실성이 부족한 예시이긴 합니다만, 이를 통해 말하려는 바는 분명합니다. 이런 가족이 실제로 존재한다고 가정했을 경우, 가족 구성원들은 서로를 어떻게 생각하게 될까요? 서로가 서로에게 이익을 뽑아낼 존재로 생각하겠지요.

위에 등장한 가족에게는 '공동체'라는 전제가 놓여 있지 않습니다. 단지 자신이 처한 수많은 우연 중 하나에 불과하며 서로를 어떻게 대해야 한다는 규칙만이 있을 뿐입니다. 그 규칙은 가족 중 힘 있는 사람, 최대한의 이익을 만들기 위한 전략의 합산에 불과합니다. 그래서 일단 가족 일부의 희생을 통해 얻을 수 있는 이익이 확보되면, 그 사람에 대한 배려 없이 행동하는 것이 허용되는 것이죠.

문득 〈밀리언 달러 베이비 Million Dollar Baby〉라는 영화의 한 장면이 떠오릅니다. 권투 선수인 여주인공이 부상으로 꼼짝도 못하게 되자 가족들이 재산을 증여받으려고 병실로 찾아오는 것입니다. 놀이동산에서 신나게 놀다가 서명만 받으려고 잠시 들른 것이죠. 주인공은 막무가내로 재산을 받으려는 가족들의 태도에 화가 나서 문서에 사인을 하지 않습니다. 그러자 부모와 형제들은 크게 실망하며 사라져서는 두 번 다시 찾아오지 않습니다.

우리는 가족을, 단지 민법 체제 때문에 가족관계등록부에 등록하고 부양 의무를 지게 된 집합체로 보지 않습니다. 물론 가족 관계에는 고유한 의무가 따르지만 그것은 그 가족이 공동체임을 전제로 합니다. 가족 구성원들 서로가 서로를 수단으로 취급한다면 그 가

족의 도덕적 관계는 해체될 위험에 처합니다. '누가 대학에 갈 것
인가'를 다수결로 결정해서 형만 사립대에 가게 된다면 누나와 나
는 평등하게 존중받았다고 볼 수 없습니다.

친구가 되는 시간의 역사

친구 사이도 마찬가지입니다. 친구 사이는 '동업' 관계가
아닙니다. 동업의 관계는 계약 때문에 생깁니다. 명시된
책임을 약정함으로써 관계가 생기는 것이지요. 친구가 되는 과정은
이와 전혀 다릅니다. '이제부터 친구하자' 하고 계약한 뒤 서로의
의무를 전제하는 게 아니니까요. 곰곰이 생각해 보면 같이했던 경
험이 친구를 만들어 준 경우가 많습니다. 함께했던 시간들이 서로
에 대한 책임감을 유발합니다.

경기도 파주에서 군 복무하는 A군이 외박을 나왔다고 예를 들어
봅시다. 밤잠을 설칠 만큼 설레던 외박이지만, 규정 때문에 부대 근
처를 벗어날 수 없는 상황입니다. 한편 A의 절친한 친구 B는 부산
에서 직장을 다니고 있습니다. B는 군 생활에 지쳐 있는 A를 위로
하고 함께 놀기 위해 부산에서 파주까지 몇 시간에 걸쳐 올라왔습
니다. B는 A와 함께 저녁을 먹고 수다를 나눈 뒤 여관에서 함께 숙
박하고 다음 날 아침 부산으로 내려갑니다.

사실 B는 잦은 야근과 빡빡한 업무 때문에 피곤한 상태였습니다. 때문에 A를 만나는 일이 그다지 재미있지 않았습니다. 그런데도 B가 A를 만나러 간 것은, 계약서에 그렇게 적혀 있거나 나중에 그 친구한테서 이득을 뽑으려고 간 것이 아닙니다. 그냥 친구니까 간 겁니다. A 역시 그렇게 생각합니다. B가 나중에 무언가 특별한 부탁을 하려고 저축하듯이 호의를 차곡차곡 쌓아 나가고 있다고 생각하지 않습니다. 그냥 친구니까 온 것이라고 생각합니다.

다른 예를 하나 더 들어 보겠습니다. 일상이 바빠 자주 만날 수 없었던 친구와 어렵사리 약속을 했습니다. 그런데 약속 당일 갑자기 몹시 피곤해졌다거나, 오래 짝사랑하던 사람과 드디어 데이트를 하게 되었습니다. 이때 약속 상대가 그리 친하지 않은 사람이라면, 솔직하지 못한 핑계를 대야 할 것입니다. 하지만 막역한 친구 사이라면 전화를 걸어 "어이, 나 오늘 너무 피곤하다. 다음에 보자"라든가 "이 형이 드디어 데이트를 하게 됐다!"라고 이야기할 수 있습니다. 휴식이나 데이트가 우정에 우선한다는 의미가 아닙니다. 상대가 나의 피로감을 존중하거나 나의 삶에 오랜 시간 동안 결핍된 무언가가 충족되길 바라고 있다는 걸 아는 것이죠. 친구 사이에 일어나는 구체적인 상황은 각각 다를 수 있지만, 상대방을 이해하고 존중하는 마음은 같습니다. 이처럼 진정한 가족 관계와 친구 관계는 공동체 구성원들 사이의 특별한 의무를 보여 줍니다.

첫째, 친구들은 친구 사이의 의무를 특별한 것으로 여깁니다. 친구가 외박을 나왔을 때와 잘 알지 못하는 사람이 외박을 나왔을 때 똑같이 대할 수 없는 것이죠. 가족도 마찬가지입니다.

둘째, 구성원 서로에 대한 책임을 개인 대 개인의 것으로 받아들입니다. 한 어머니가 아이에게 책임을 느낄 때는 아이 자체에게 책임을 느끼는 것입니다. '가문의 영광'을 누리는 것이 최종 목표이기 때문에 훗날의 이익을 바라고 아이에게 잘하는 것은 진정한 가족의 의미와는 거리가 멀지요.

셋째, 구체적으로 무엇을 해야 한다는 책임은 구성원 간에 서로를 평등하게 배려해야 한다는 의무로부터 비롯됩니다. 식품 회사에서 어떤 음식을 만들까 고려할 때, 소비자 중에 채식주의자가 있는지를 심각하게 생각할 필요는 없습니다. 이윤이 얼마나 나올까를 무엇보다 중요하게 생각하겠지요. 반면 친구들끼리 식사를 하는데 채식주의자가 있고 그 신념이 확고하다면 이를 존중해 주어야 합니다. 다수결에 따라서 채식을 안 하는 사람이 많다고 무시할 수는 없는 것입니다.

우정에 반복적으로 실패하는 사람들은 대개 우연한 공동체와 참된 공동체를 구별하지 못합니다. 친구를 자주 보는 사람, 혹은 나에게 도움이 되는 사람 정도로 착각합니다. 이런 경우에 친구처럼 보이는 두 사람 사이에는 경쟁과 질투, 경멸과 무시, 집착과 증오가 교차합니다. 그러다가 시간과 공간의 우연이 다시 그들을 멀어지게 하면 어떠한 관계도 지속되지 않는 것이지요.

이토록 무섭고 위험한 '우리'

발언하고 투표하고 결정하며 배려하는 정치 공동체의 구성원들도 마찬가지입니다. 서로를 거래 대상으로 보아서는 안 됩니다. 하지만 오늘날 공직자들의 모습은 어떠한가요. 겉으로는 '이 사회를 위해 열심히 일하고 있습니다'라고 말하지만 실제로는 다르지요. 선거 후원금을 제일 많이 내 줄 사람, 공직 생활을 마칠 때 한 자리 마련해 줄 것 같은 기업, 같은 계급에 속한 사람들의 재산과 이익을 최대한 추구하지요. 그리고 이러한 모습을 부끄러워하지도 않습니다. 오히려 노골적으로 행정부의 수반을 CEO라고 자랑스럽게 부릅니다.

대통령을 CEO라 부르는 공동체란, 결국 자신의 이익을 극대화하기 위한 전략적 단위에 불과할 뿐입니다. 영화 〈오션스 일레븐Ocean's Eleven〉에서처럼, 가장 효과적으로 범죄를 완성하기 위해 각 분야의 전문가들을 모아 단체를 만드는 것처럼 말이지요. 이러한 '가짜' 공동체는 배타적으로 우리 집단의 이익만을 추구하게 됩니다. 공동체 외부에 있는 사람들에 대해서는 아무런 관심도 가지지 않습니다.

우리 사회에서는 오래전부터 가족 이기주의, 연고주의가 비판받아 왔습니다. 이는 공동체의 원리를 정당한 토대 위에서 확립하지 못한 결과라고 볼 수 있습니다. 특정한 공동체 바깥의 사람들을 어떻게 대우해야 하느냐에 대해 생각할 겨를이 없기 때문이지요. 공직을, 마치 연고가 있는 사람들끼리 밀어주는 권력의 자원으로 생각합니다. 다른 가족의 삶이 부당한 취급을 받아도 우리 가족만 잘 살면 된다고 보는 것입니다. 물론 우리는 자신이 속한 공동체 구성원의 삶에 특별한 관심을 기울일 수 있습니다. 지극히 자연스럽고 당연한 것일지도 모르죠. 친구가 실연당했으면 같이 술을 먹어주지만, 길을 지나가는 사람이 실연당했으니 술 같이 먹자고 한다고 해서 기꺼이 구구절절한 사연을 들어주지는 않으니까요.

하지만 그렇다고 해서 공동체 바깥의 사람들에 대해서는 전혀 무관심해도 되는 것일까요? 우리 가족, 우리 고향, 우리 동문, 우리나라의 이익을 배타적으로 추구하는 것이 최고일까요? 그 밖의 사람들에 대해서는 어쩌다 한 번씩 다큐멘터리를 보면서 일어나는 동정심만 느끼면 되는 것일까요?

모든 사람의 인권은 똑같이 보호받아야 해

 1839년 이른 봄, 가족과 함께 농사를 짓고 살아가던 흑인 싱베는 노예 상인들에 의해 납치당했습니다.

싱베처럼 갑자기 납치당한 아프리카인들은 스페인어로 우정이라는 뜻의 '아미스타드' 배에 실린 채 항해를 시작했습니다. 스페인 선장과 항해사가 모는 그 배는 싱베를 비롯한 수십 명의 사람들을

노예로 팔기 위해 쿠바로 향했습니다. 아프리카인들은 선원에게 물었습니다. 목적지에 도착하면 자신들의 운명이 어떻게 되느냐고요. "백인들이 너희들을 잡아먹을 것이다"라는 대답을 듣게 된 그들 모두는 공포에 사로잡혔습니다. 닷새 날 밤, 그들은 쇠사슬을 몰래 풀고 반란을 일으켜 배를 장악했습니다. 항해술을 잘 아는 노예 상인을 협박해서 다시 배를 돌리라고 했지요. 그러나 노예 상인은 아무도 모르게 북아메리카 해안 쪽으로 배를 돌렸고 결국 엉뚱하게도 뉴욕항 근처에 배가 정박했습니다.

아프리카인들은 물과 식량을 구하러 도움을 청했습니다. 하지만 해안 경비대는 그들을 모두 체포했습니다. 그 뒤 스페인은 미국 정부에게 이렇게 주장했습니다. 아프리카인들은 스페인의 재산이므로 미국의 어떠한 간섭도 허용할 수 없으며, 지금 즉시 스페인에 반환해야 한다고 말이죠. 당시 미국은 이미 법적으로 노예 제도를 인정하고 있었습니다. 하지만 사람을 사냥해서 노예로 팔아넘기는 해적 행위는 불법으로 정하고 있었습니다.

당시 미국과 스페인이 맺은 조약에는 '상대국의 선박과 소유물을 보호하고 반환'하도록 규정되어 있었습니다. 싱베를 비롯한 아프리카인들은 미국이라는 정치 공동체에 소속되어 있지 않았습니다. 단지 사악한 스페인 노예 상인들에게 붙잡혀 우여곡절 끝에 미국에 오게 된 것이었지요. 이 대목에서 우리는 진지하게 생각해 봐야 합니다. 당시의 미국은 어떠한 판단을 내려야 옳은 것일까요?

자국의 이익과 관계없는 일이므로, 아프리카인들을 스페인에게 "여기 있습니다" 하고 넘겨주어야 할까요?

미국 연방대법원은 아프리카인들이 납치되었다는 사실에 초점을 맞췄습니다. 납치당했을 당시 그들은 노예가 아니었으며, 아미스타드 호의 선상에 감금된 희생자들이라고 판단하였습니다. 따라서 미국은 '이들을 해적이나 해상 강도라고 부를 이유가 없다'며 스페인 정부의 주장을 배척했습니다. 미국은 납치된 아프리카인들도 스페인 사람이나 미국 사람처럼 똑같이 인권을 보호받아야 한다고 본 것입니다.

잊지 말아야 할, 보편적이고 합당한 의무

지금 여러분이 데이트하러 가는 도중에 얕은 연못을 지나간다고 상상해 봅시다. 그런데 연못 옆에 있던 한 어린아이가 연못에 빠집니다. 익사할 위기에 처한 것입니다. 연못의 가장 깊은 곳이라고 해도 여러분 허리 정도밖에 오지 않습니다. 그래서 쉽게 물속으로 들어가 아이를 데리고 나올 수 있습니다. 다만 신발과 옷이 다 젖고 흙탕물도 뒤집어쓰게 됩니다. 물을 뚝뚝 흘리며 다닐 수는 없으니, 데이트는 취소하고 옷을 갈아입으러 집으로 돌아가야 할 것 같습니다. 그럼에도 대다수는 이런 상황에서 아이를 구하고자 할 것입니다.

그런데 연못에 발을 담그려는 순간, 여러분은 빠진 아이가 방글라데시 아이임을 알게 됩니다. 이때 담그려던 발을 빼면서 “에이, 한국 아이가 아니네. 난 데이트나 가야겠다”라고 말할 사람이 과연 있을까요? 그런 사람은 아마도 심각한 인종주의에 찌든 냉혈한일 것입니다. 생명의 위험에 처한 사람이 어느 나라 사람이든 상관없이 그 사람을 구하는 것은 당연한 의무입니다.

이제 조금 더 흥미로운 상황을 가정해 봅시다. 지금 여러분에게는 초능력이 있습니다. 시공을 초월하여 세상에 일어나는 일을 생생하게 볼 수 있습니다. 또한 정신을 집중해 염력을 쓰면 위험에 빠진 전 세계 많은 이들을 구할 수 있습니다. 앞서 연못에 빠진 방글라데시 아이가 고국에 있다고 합시다. 위험에 처한 상태인 것은 동일합니다.

이때 여러분이 방글라데시로 염력을 보내면, 아이를 허공에 뜨게 해서 우물에서 건져 낼 수 있습니다. 다만 염력을 쓰면 땀을 비 오듯이 많이 흘려야 하는 게 고민입니다. 여러분은 데이트를 취소하고 집에 가서 씻어야 합니다. 연못에서 아이를 구했을 때와 똑같은 불편함을 겪는 것이지요. 이때 사람들은 연못의 사례와 마찬가지로 아이를 구해야 한다고 생각할 것입니다. 아이가 먼 곳에 있다는 사실은 의무를 다하느냐 마느냐 하는 판단에 중요한 기준이 되지 않으니까요.

　세계 각지에는 최소한의 인간다운 생활을 누릴 수 없을 만큼 불리한 환경에 처한 사람들이 너무나 많습니다. 값싼 모기장이나 의료 기구와 약품, 수도 시설만 있으면 쉽게 예방할 수 있는 병인데도 환경이 너무 열악한 것이지요. 이들은 병에 대한 어떤 조치도 취하지 못한 채 죽어갑니다. 또한 생존에 필요한 식량조차 부족해 굶어 죽기도 합니다. 제대로 교육을 받지 못하며, 자연환경의 극심한 변덕을 감당해 내지 못하고, 깡패 같은 군벌들에게 시달리다가 삶을 마감합니다. 이런 어려움에 처한 사람을 돕기 위하여 조직한 국제 구호단체들이 있습니다. 단체들은 우리가 내는 기부금으로 음식과 기본 의약품, 그리고 수도 시설을 제공하지요. 주어진 재원을 효과적으로 활용하는 신뢰성 있는 단체를 선택하여 기부를 한다면, 연못의 어린아이 같은 처지의 사람들을 구할 수 있습니다.

　심한 설사병이나 합병증으로 죽어가는 사람에게, 깨끗한 물 한 주전자에 소금 한 큰 술과 설탕 한 주먹을 탄 치료를 해 주는 것만으로도 생명을 살릴 수 있습니다. 매년 홍역으로 죽는 수십만 명의 아이들은 천 원 남짓하는 백신을 접종하는 것만으로 치료가 가능합니다. 한 개당 만 원 남짓하는 모기장으로 말라리아를 예방할 수 있으며, 몇 백 원짜리 콘돔으로 에이즈의 확산을 막을 수 있습니다. 4천 원짜리 간단한 필터로 비소 중독을 막을 수 있으며, 강가에서 볼일을 보는 동네에 집집마다 2만 원 남짓의 간이 화장실만 설치해도 전염병을 크게 막습니다.

출산할 때 아이가 순조롭게 나오지 못하는 것을 난산이라고 하지요. 아프리카에는 의료 체계가 제대로 마련되어 있지 않아, 난산으로 인한 후유증이 심각합니다. 질과 방광, 혹은 질과 직장항문 사이에 잘못된 구멍이 생겨 대소변이 다른 곳으로 나오는 산과적 누공 Obstetric Fistulas이라는 병을 얻게 되는 것입니다. 이는 추가적인 감염과 질병으로 이어질 뿐만 아니라 끊임없이 역겨운 냄새가 나기 때문에 병자는 가족과 배우자에게조차 외면당하는 고통을 겪게 된다고 합니다.

50만 원 정도의 수술이면 이러한 고통을 삶의 숙명으로 안고 살아가는 여성들에게 새로운 삶을 줄 수 있습니다. 이런저런 위험을 막아, 한 생명이 최소한의 인간다운 삶을 누리기 위해 필요한 원조비용은 20만 원에서 200만 원 사이라고 합니다. 한국에서 평균 소득을 올리는 한 사람이 매달 5퍼센트의 소득만 기부하여도, 4개월 내지 20개월 만에 한 사람의 목숨을 평생 구할 수 있는 것입니다. 문득 이런 질문을 던지는 사람도 있을지 모르겠습니다.

"그 사람들이 나라 운영을 제대로 안 해서 어려움에 빠진 건데, 왜 우리가 계속 도와주어야 하는 거죠?"

기아와 빈곤 문제를 다루는 경제학의 틀을 확립한 공로로 1998년 노벨 경제학상을 받은 인도 경제학자 아마르티아 센 Amartya Sen은

『빈곤과 기아 Poverty and Famines』라는 책에서 기근의 주된 원인은 식량 감소가 아님을 밝혔습니다. 민주주의 국가에서는 식량 분배를 통해 자연에서 생겨난 어려움을 정치적으로 잘 대응할 수 있는 반면에, 비민주적인 국가들은 굶는 사람들이 아무리 많아도 항의할 통로가 없기 때문에 기아가 대규모로 방치될 수 있다는 것입니다.

국가가 적정한 생활 수준을 유지하기 위해 필수적으로 생각해야 할 것은 좋은 정치 문화와 경제 제도, 그것을 잘 따르는 시민 의식입니다. 많은 경제학자들과 사회학자들이 어떻게 하면 정치 문화와 경제 제도를 잘 뿌리내리게 할 것인가를 연구하고 있습니다. 불완전하기는 하지만 충분히 그 효과를 기대할 수 있는 여러 방안들이 마련되고 있지요. 그런데 이 방안들을 실시하는 일에도 역시 인력과 돈과 관심이 필요합니다. 올바르지 않은 제도와 문화를 가진 나라에서는 깡패 같은 이들이 권력을 쥐어 잡고 자금 흐름을 틀어쥡니다.

적도기니의 독재자는 국가에서 나는 석유의 대부분을 미국 기업에 팔고 그 대가를 모두 독식합니다. 독재자는 영국 여왕보다 더 부유하지만 적도기니 국민의 대다수는 절대 빈곤에 허덕이고 있습니다. 그들의 평균 수명은 48세에 불과하다고 합니다. 또한 콩고는 매년 수억 달러어치의 광물을 수출하는데 콩고 국민에게는 '콩고물'도 돌아가지 않습니다.

이 정도까지는 아니더라도, 워낙 갖춘 것이 없기 때문에 발전할 토대 자체가 없는 경우가 많습니다. 따라서 자본이나 인력, 기술, 제도는 외부에서 지원을 받을 수밖에 없는 것입니다. 그런데 오늘날 국가 차원에서 이루어지는 대외 원조는 빈곤을 해결하겠다는 의지보다는 정략적인 의도가 더 커 보입니다. 절대 빈곤에 허덕이는 나라가 아닌 소득 수준이 비교적 나은 나라에 원조를 하고 있는 것이죠. 미국이 수십 년 동안 최대의 규모로 지원한 나라는 이집트였습니다. 이집트는 중동을 안정시키는 파트너이기는 하지만, 최빈국은 아닙니다. 그런데도 미국뿐 아니라 OECD 대부분의 국가들이 이집트에 원조를 하고 있습니다.

나쁜 정치 제도와 문화를 가진 사회에 태어난 것은 그들의 잘못이 아닙니다. 신분제가 엄격히 고착화되어 있거나, 인구가 너무 많고 기술은 발전되어 있지 않은 나라에서 태어난 것도 그들의 잘못이 아닙니다. 그들은 한 번도 '기회'를 가져보지 못했을 뿐입니다. 그들을 향한 전 세계적인 차원의 지원이 목적을 잃지 않고 좋은 제도와 덕목으로 뿌리내리려면 지속적인 관심을 가지고 지켜보아야 합니다. 합당하고 효율적인 원조가 지속적으로 가능할 수 있게 말이죠.

'사람'을 잃어버린 사회

 전 세계 역사 속에 나타난 비극적 현실은, 국가가 정치 공동체로서의 요건을 갖추지 못하고 있음을 보여 줍니다.

신분, 성별, 인종, 종교, 정치적 신념을 이유로 그 구성원을 납치하고 고문하고 함부로 살해하거나 강제 수용소로 보내는 경우가 많았습니다. 독일, 르완다, 코소보에서처럼 민족과 인종이 다르다는 이유로 집단 학살을 무자비하게 감행한 경우도 여러 번 있었고 이러한 경우는 안타깝지만 앞으로도 계속될 가능성이 있습니다. 따라서 우리는 각 나라들이 좋은 정치 공동체로 거듭나기 위한 지원을 해야 할 의무가 있고, 심각한 곤경에 처한 사회 구성원 개개인을 도와주어야 할 의무가 있습니다.

이 두 가지 의무는 양립 불가능한 것이 아니라 지금 바로 실행해야 하는 의무입니다. 지금 죽어 가고 병들고 있는 사람들은 버틸 수 있는 힘이 약하기 때문입니다. 2010년 현재 OECD 회원국의 국민 총생산 대비 국제기구 원조 비율은 평균 약 0.24%입니다. 100만 원을 벌면 2,400원을 원조한다는 것이지요. 그런데 한국은 0.079%에 불과합니다. 100만 원을 벌면 그중에 790원만 원조를 하고 있는 것입니다. 2010년 뉴욕에서 열린 유엔 정상회의에서 합의된 목표인 '새천년 개발 목표'는 다음과 같은 것들이 있습니다.

- 세계의 절대 빈곤 인구 비율과 기아 인구 비율을 절반으로 줄인다.
- 모든 어린이들이 초등교육을 받을 수 있게 보장한다.
- 5세 이하 아동의 사망률을 3분의 2까지 줄인다.
- 산모 사망률을 4분의 3까지 줄인다.
- 안전한 식수에 접근할 수 없는 사람의 비율을 절반으로 줄인다.

야심차다고 하기에는 부족한, 가장 기초적인 목표라 해야 할 것입니다. 도움의 적정한 몫이 얼마만큼인지에 대해서는 논란의 여지가 있습니다. 도움을 필요로 하는 사람은 너무 많고 실제로 도움을 주는 사람은 적기 때문입니다. 과연 어느 정도 불편을 감수하고 도와줄 의무가 있느냐 하는 정확한 경계선은 그리기 어렵습니다. 그러나 앞서 연못에 빠진 아이를 구하는 상황을 다시 떠올려 보면 대강 어느 정도인지를 짐작할 수 있습니다. 만일 연못에 같이 빠져 죽거나 크게 다칠 위험이 생길 경우라면, 아이를 구할 의무가 당연하게 있다고는 말할 수 없을 것입니다. 하지만 고작 옷이 더럽혀지는 게 싫다는 이유로 아이를 구하지 않는 태도는 자신의 의무를 져 버리는 것입니다.

학생 때라면 자기 소득이 없으므로 소비를 기준으로 원조의 의무를 수행하면 됩니다. 꼭 필요한 소비가 무엇인지, 낭비하고 있는 것은 없는지 따져 보면 별다른 괴로움을 겪지 않으면서 줄일 수 있는 부분을 분명히 찾을 수 있습니다. 물론 수입이 많은 사람은 버는

만큼 더 많이 낼 수 있겠지요.

원조의 의무는 법이 강제하고 있지 않습니다. 그렇다고, 해도 되고 안 해도 되는 일은 아닙니다. 하면 칭찬 받을 일이고 안 하면 그냥 그럴 수도 있는 일도 아닙니다. 원조의 의무는 개인으로서 직접 필요한 도움을 주는 것, 정치 공동체 차원에서 집단적인 지원을 하는 것, 지원이 제대로 이루어지도록 시민으로서 참여하고 발언하는 것 등이 포함됩니다. 그렇다면 이러한 관점에 비추어 우리 사회의 또 다른 문제를 들여다보고자 합니다. 바로, 외국인 노동자의 문제입니다.

불법으로 낙인찍힌 어둠의 존재

강원도 비무장지대 인근 최전방지역에서 종종 마주하는 풍경이 있습니다. 지뢰밭이나 산속으로 부리나케 달아나는 외국인 노동자들의 모습입니다. 힘든 농사일을 대신 맡아 하루 종일 뙤약볕에서 일하는 이들, 농업 노동자들은 대부분 불법 신분입니다. 따라서 단속반으로 보이는 낯선 차량이나 사람이 등장하면 한마디로 '큰일'입니다. 죽음을 무릅쓰고 인근 지뢰밭이나 산속으로 달아났다 밤늦게 내려와야 하는 것입니다.

서울의 한 공장에서 불법취업 도중 단속반을 피해 옥상에서 뛰어내리다 왼쪽 발목이 부러진 외국인 노동자는 약이라도 달라고 호소하였습니다. 이에 단속반 직원들은 조용히 있으라며 노동자를 여러 차례 폭행하고 출입국 관리소에 구금했다가 다음 날 석방했습니다. 한 중국인 노동자는 식당에서 일을 하다 생후 7개월 된 딸과 함께 연행되었습니다. 노동자는 돌도 지나지 않은 딸아이와 출입국 관리소 보호실에 밤새 구금되었습니다. 아기가 장염 때문에 밤새 고열에 시달렸지만 출입국 관리소는 치료 요구를 묵살했습니다. 다음 날 찾아온 남편에게 보증금 1천만 원을 받은 뒤에야 아이를 풀어 줬습니다.

오늘날 한국에 살고 있는 외국인 노동자들은 그 수가 백만 명이 넘는다고 합니다. 그들 모두는 엄연히 우리 사회의 구성원입니다. 그런데 우리는 이들을 곱게 보지 않습니다. 있어서는 안 될 존재로 여기고, 거리에서 혹은 지하철에서 시선을 마주하는 것조차 불쾌하게 생각합니다.

한국은 급속한 경제 발전으로 인하여 경제 구조가 고도화되고 교육 수준이 높아지면서 내국인의 생산직 취업자 수가 점차 감소하였습니다. 특히 3D 업종의 인력난이 심화되면서 이 분야의 인력 부족을 보완해야 했습니다. 1980년대 중반부터 통상부 및 사용자 단체를 중심으로 외국인력 도입의 필요성이 제기되었고 외국인 노동자들이 유입되기 시작하였습니다. 그러다 1993년 '산업기술 연수제'가 도입된 것이지요. 이 제도는 실질적인 노동을 제공하는 '노동자'를 '연수생'의 신분으로 도입해서 노동법을 적용하지 않았고 그 결과 연수생을 쓰는 사업장은 노동권 및 인권 침해의 온상이 되었습니다. 이 때문에 외국인 노동자들의 사업장 이탈이 가속화되었고 미등록 외국인 노동자들이 양산되었지요. 그 뒤 2004년부터 고용 허가제가 실시되었지만, 미등록 외국인 노동자는 일부분만 합법화 되었습니다.

2009년까지 외국인 노동자들은 한국에서 아무리 길어도 3년만 일할 수 있었습니다. 그런데 국내에 취업하기 위한 비용은, 공식 비용과 비공식 비용을 합쳐 3백만 원에 달합니다. 또 외국인 노동 자들이 최저임금을 받거나 최저임금도 못 받는 경우가 많고, 한국 에서 해결해야 하는 의식주를 감안하면, 국내 취업을 위한 비용을 다 갚고 자신들이 원하는 만큼의 돈을 버는 데 3년은 너무 부족한 기간이었습니다. 그래서 3년 만기 이전에 사업장을 무단으로 이탈 해서 미등록 상태로 체류하게 되는 일이 많았습니다. 이 문제는 현 재 재고용 조치가 시행되어 상당수가 6년까지 체류할 수 있게 되 어 일부분 해결되었습니다. 그러나 아직 다른 많은 문제가 남아 있 습니다.

장밋빛으로 둔갑한 위태로운 함정

 현재 고용허가제는 사업장 이동을 금지하고 있습니다. 해 고를 당해서 일자리를 잃을 경우에만 사업장을 옮길 수

있는데, 그것도 총 3회로 제한하고 있습니다.

임금을 너무 적게 준다거나, 업무가 과중하다거나, 업무 시간이 너무 길다는 이유로 사업장을 옮기면 불법이 됩니다. 그래서 외국인 노동자들은 묶인 사업장에서 계속 일해야 합니다. 이 점을 빌미로 사업주들은 인권 침해와 강제 노동을 계속 시키는 일이 많습니다. 이를 참지 못한 외국인 노동자들은 결국 사업장을 이탈해서 미등록 상태로 일하게 됩니다. 외국인 노동자들에게는 이동의 자유와 직업 선택의 자유가 박탈되어 있는 것이지요. 해고당하고 구직 기간 2개월을 초과해서도 새로운 직장을 얻지 못하면 본국으로 돌아가야 합니다. 많은 비용을 투입해서 왔는데, 제한된 2개월을 넘겼다고 다시 고향으로 돌아가라는 것은 누가 봐도 가혹한 처사입니다.

국내에 취업하는 외국인 노동자들은 대부분 한국에 관한 장밋빛 이야기를 듣고 옵니다. 그래서 비행기 값 내랴, 브로커에게 돈 내랴, 기존에 하던 일 그만두랴 많은 비용을 감수하면서도 한국에 오지만 막상 와 보면 최저임금도 지키지 않고 산업 재해는 비일비재하고, 듣던 것과 너무도 많이 다릅니다. 하지만 이미 써 버린 비용은 어떻게 하겠습니까. 그거 다 갚고, 고생한 것에 대한 보상 정도는 받아 가야 하지 않을까요. 상황이 이러한데, 얼마 벌기도 전에 무조건 나가라고 하는 것은 한국 사회가 마치 이들을 위한 함정을 파놓고 기다리는 것처럼 보일 정도입니다.

2008년 금융위기 이후 1년 사이, 미등록 노동자가 179%나 증가

하였습니다. 이렇게 해고와 실직으로 많은 외국인 노동자들이 거리
로 내몰리고 있지만 이들에 대한 사회적 지원은 마련되어 있지 않
습니다. 정부는 2006년 고용보험을 강제 가입에서 임의 가입으로
전환하기까지 하였습니다. 그 결과 고용보험료를 낸 외국인 노동자
가 10분의 1로 완전 축소되었습니다. 외국인 노동자는 이렇게 불안
한 신분 상태에 놓여 있기 때문에 제대로 권리 주장도 할 수 없는
처지입니다. 노동조합을 만드는 외국인 노동자들은 쉽사리 해고당
하게 되고, 구직을 하지 못하면 단속 대상이 되어 추방됩니다.

이런 상황에 놓인 외국인 노동자들에게 "너희 나라에 가라, 왜
여기서 인권 침해니 뭐니 하며 불만이 많느냐?"라고 말하는 것은,
"너희 나라가 발전하지 못해서 빈곤 상태에 빠졌는데 왜 원조를 달
라고 하느냐?"라고 말하는 것보다 더 심각합니다. 왜냐하면 외국인
노동자들은 그냥 원조를 받고자 하는 것이 아니라, 이 사회의 생산
활동에 참여해서 대가를 받고자 하는 것이기 때문입니다.

앞서 빈곤한 나라들에 대한 원조가 효율적이려면, 자립할 수 있
는 토대를 마련해 주어야 한다는 점을 강조했습니다. 그중 중요한
하나가 무역으로 그 나라에서 생산한 것을 다른 나라가 사는 일이
고, 다른 하나가 바로 외국에 나와 일할 기회를 주는 것입니다. 외
국에서 유입되는 노동력은 무역과 다를 바가 없습니다. 외국에 한
국 자본으로 투자를 하거나, 외국에서 생산한 제품을 수입해서 가
져오는 것과 마찬가지인 것입니다. 산업 구조의 변화와 국제적인 무

역 관계를 보지 못한 채, 단지 이 땅의 눈에 보이는 외국인들이 사라지면 일자리가 늘어나리라고 생각하는 것은 잘못된 기대입니다.

특히 외국에 나와 일을 하는 사람들은 열성적으로 살아가는 사람들입니다. 이들이 돈을 벌어 고향의 가족들에게 송금하면, 그 가족들은 그나마 건강하게 살고 교육을 받을 기회도 가질 수 있습니다. 교육을 받은 자식들은 그 나라의 제도와 덕목을 좋게 발전시키는 토대가 됩니다. 인력이 필요할 때는 받아들이고, 필요가 없을 때는 추방한다는 전략은 외국인 노동자들을 단지 우리 사회의 편리함을 위한 '수단'으로 취급하는 것입니다.

외국인 노동자들에게 취업 기회를 주는 제도는, 우리 사회의 미숙련 노동자들의 삶이 향상될 수 있는 기회를 주는 제도와 결합되어야 합니다. 미숙련이라는 것은 직업의 종류나 내용에 관한 것이 아니고 그 사람의 교육과 훈련의 정도를 의미하는 것이니까요.

외국인 노동자들과 같은 일을 하면서 그들과 경쟁하는 사람들은 대체로 미숙련 노동자들입니다. 그들은 우리 사회에서 가장 교육을 적게 받고, 가장 소득이 낮으며 가장 힘든 일을 합니다. 우리가 원조의 의무를 수행할 때, 가장 못사는 사람들의 소득만을 떼어서 방글라데시나 몽골, 에티오피아에 준다면 그 지원은 이 공동체 내부에서 정당성을 갖지 못합니다. 마찬가지로 가난한 나라의 외국인 노동자들이 일할 기회를 가지게 하기 위해서, 우리 사회의 가장 취약한 계층에게 아무런 보상 없이 실업이나 소득의 감소를 감수하라고 하는 것도 정당성이 없습니다.

따라서 외국인 노동자들에게 취업 기회를 확대함과 동시에, 한
국의 미숙련 노동자들에게는 더 나은 직업으로 이직할 수 있는 직
무 훈련과 교육을 제공할 사회의 의무를 다해야 할 것입니다. 스웨
덴과 같은 나라에서는 직무 훈련과 교육 제도가 잘 운영되고 있기
때문에, 산업 구조의 변화 때문에 실직한 사람들도 쉽게 더 나은 기
회를 잡고 재기할 수 있다는 점을 참고해야 할 것입니다.

현재 한국 사회에서 외국인 노동자와 관련된 정책에는 사업주들
과 대기업의 목소리, 필요에 따라 쓰고 버리고자 하는 정부의 편의
만 반영되고 있습니다. 그런 상황이 지속되면 이 사회의 약자인 외
국인 노동자와 한국의 미숙련 노동자 사이의 오해와 갈등은 더욱
커질 수밖에 없습니다. 외국인 노동자 정책은 강자들의 '편리함'에
따라 결정될 게 아니라 정치 공동체가 구성원들에게 지는 '의무'에
따라 결정되어야 합니다.

어떤 원칙을 내세워서
더불어 사는 사회를 말할 것인가

최근 한 신문에 1970년대 독일에 광부로 일하러 갔다가
전문 요리사가 된 사람의 인터뷰가 실렸는데요. 저는 이

를 통해 몇 가지 점을 발견할 수 있었습니다. 그 한국인은 탄광 사업장에 묶이지도 않았고 계약이 끝났다고 사업장에서 추방되지도 않았습니다. 숙련 노동직으로 발전할 기회도 잡을 수 있었으며 귀화의 길도 열려 있었습니다. 또한 자녀들이 성공적으로 독일 사회에 통합될 수 있는 교육 복지의 혜택도 받았던 것입니다. 40여 년 전의 독일이 수행했던 의무를, 그때의 독일보다 생활 수준이 더 높은 지금의 한국이 거부하는 것은 정당한 이유가 없습니다.

아리스토텔레스가 살았던 시대의 아테네에서 외국인 거주자들은 2등의 거주자로 취급되었습니다. 그들은 곡물 분배에서도 제외되는 등 기초적인 복지권도 공유하지 못했습니다. 반면에 시민들은 외국인들에게 강제성이 있는 온갖 종류의 결정들을 내렸습니다. 도시 방어에의 참여, 공공 지출, 교역 증진, 곡물 분배, 권리 제한 같은 것들 말입니다. 그런 와중에 외국인 거주자들은 공직을 맡을 수도, 의회에 참여할 수도, 배심원이 될 수도 없었고, 그들을 위해 일하는 공직자도 존재하지 않았습니다. 시민권은 핏줄을 통해 상속되는 것이었고 그 피를 받지 못한 외국인 거주자는 아무리 오래 살아도 선택과 자치를 할 수 있는 주체로 인정받지 못하였습니다.

오늘날 우리의 대응은 그 옛날 아테네보다 나을 바가 없습니다. 외국인 노동자들은 낯선 외국 땅에서 장시간 힘들게 일을 합니다. 가장 힘든 점은 가정이 없다는 것입니다. 일과가 끝나면 쪽방에서 지친 몸을 뉘일 뿐입니다. 임금의 대부분은 고향에 보내고 궁핍하게 살아갑니다.

그들은 이 사회의 완전한 구성원이 아니지만 관광객처럼 잠시 머물렀다가 가는 '객'도 아닙니다. 이 땅에서 노동하며 통치와 지배를 받고 있는 사람들입니다. 정치 공동체 안에 들어와 있는 건 아니지만, 분명한 것은 우리와 무심하게 스쳐 지나가는 것 이상의 관계를 맺고 있다는 점입니다. 이러한 관계는 일정한 의무를 발생시킵니다. 그들을 지배하고 경멸하며 우리의 필요를 위해 잠시 머물다 가는 수단적 존재로만 생각한다면, 우리는 외국인 노동자들을 단지 필요에 의해 쓰고 버리는 부속품으로 다루는 셈입니다.

외국인 노동자들은 생산에 참여하는 노동자로서 당연한 권리를 보장받으면서, 그들의 삶에 의미 있는 변화를 이룰 수 있을 정도까지는 한국에서 일할 수 있어야 합니다. 그러기 위해서는 고용허가제를 폐지하고 노동허가제로 바꾸어야 합니다. 사업주에게 고용을 허가받는 것이 아니라, 외국인 노동자가 노동하는 것을 허가받아야 합니다. 노동 허가를 받은 기간 동안은 잠시 실업 상태에 있더라도 곧바로 고향으로 돌아가라고 해서는 안 되고, 고용보험을 통해 일한 기간에 따라 실업급여를 받을 수 있도록 해야 합니다. 일할 수 있는 곳을 제한해서도 안 됩니다. 복잡하고 숙련된 기술을 배운 사람은 그 기술을 사용할 수 있는 능력을 발휘할 수 있어야 합니다. 대우를 나쁘게 하고 법을 어기는 사업장에서 나오고 싶으면 자발적으로 나올 수 있어야 합니다.

마지막으로, 그들 중에 우리 사회를 사랑하고 우리 사회의 온전한 구성원이 되고 싶은 사람이 있다면 귀화의 기회를 폭넓게 열어 두어야 합니다. 언어, 역사, 문화를 배우고, 법질서의 정신과 원리를 이해하며, 선량한 시민이 되고자 하는 의지가 있는 사람은 공동체 구성원으로서 준비가 되었다고 봅니다.

예전에 호주 이민국 장관은 백인 이민자만 받아들이는 정책을 옹호하면서 '우리는 동질적인 국민을 창출하고자 한다. 누가 이 점에 대해 합당하게 반대할 수 있겠는가? 국민의 구성을 결정하는 것은 모든 정부의 기본적인 권리이지 않은가?'라고 일갈했습니다. 이러한 주장은 국적과 인종, 계급에 대한 노골적인 차별을 옳은 것으로 전제하는 기준이므로 결코 정당화될 수 없습니다.

핏줄로 제대로 연결된 '우리'만이 좋은 것을 향유해야 한다는 생각은 진정한 공동체의 이치가 아닙니다. 평등한 배려와 존중이야말로 정치 공동체의 근간이며, 이 근간은 정치 공동체 바깥과 경계에 서 있는 사람들에 대해서도 의무가 존재함을 알려 줍니다.

7장

왜 우리는
의무를 지켜야 하지?

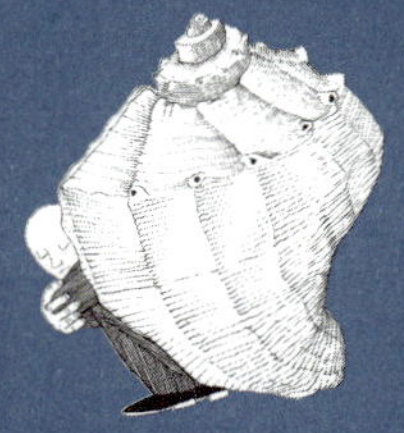

왜 의무를 지켜야 하는가에 대한 질문은 결국 '어떻게 살아야 좋은 삶인가'에 대한 질문과 연결될 수밖에 없습니다. 인생의 가치를 어디에 두느냐는 사람마다 다릅니다. 어떤 이는 쾌락적인 가치를 제일 크게 두기도 하고, 어떤 이는 다른 사람들의 평가를 가장 중요시하기도 합니다. 일의 과정보다는 완성도 높은 결과를 통해 삶의 가치를 헤아리는 사람도 있지요. 제가 생각할 때 가장 중요한 가치는 '도전'을 멈추지 않는 것이라고 생각합니다. 의무는 바로 그러한 도전에 있어 제일의 덕목입니다. 그 까닭에 대해 함께 살펴보도록 할까요?

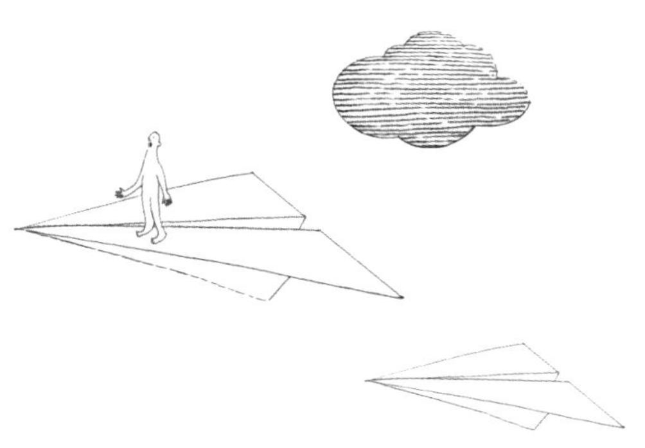

어떻게 살아갈 것인가에 대한 물음

지금까지 공부한 이야기들을 다시 한번 훑어보도록 하겠습니다. 첫 번째로, 강제성을 지니고 있거나 합리적인 이익 추구를 위한 일이라도 그것으로 의무를 설명할 수 없다는 걸 알 수 있었지요. 따르지 않으면 처벌을 받거나, 명령하는 사람이 힘이 있거나, 나 또는 다수에게 이익이 된다는 등의 이유는 단순한 '사실'에 불과합니다.

두 번째로, '근본적인 의무'는 사람을 수단이나 도구가 아니라 목적으로 대우한다는 점도 살펴보았습니다. 사람을 목적으로 대우한다는 것은 스스로 자기 삶을 살아가는 사회 구성원 개개인의 능력을 충분히 존중하는 것이었습니다. 모든 사람은 자율적인 존재임을 인정하고, 그 삶의 평등한 몫인 권리를 존중하자는 의미였지요.

세 번째로, 법과 의무의 관계에 대해서도 생각할 수 있었지요. 법에 복종할 의무는 이득을 얻는다거나 처벌의 강압 때문에 생기는 것이 아니었습니다. '공공 규칙을 통한 이득을 누리려면 누구나 공정한 부담을 져야 한다'는 정의의 원칙 때문이었습니다. 따라서 '부담'이 공정하지 않을 때나 공공 규칙이 심각하게 부정의할 때, 의무는 때때로 법에 불복종할 것을 요청한다는 점을 알 수 있었습니다.

네 번째로, 이름만 붙는다고 해서 다 공동체가 아니라는 이야기도 중요했습니다. 구성원을 평등하게 배려해야 진정한 공동체라고 할 수 있다는 점을 살펴보았습니다. 그리고 이는 공동체 바깥이나 경계에 있는 사람들의 삶에 무관심하지 않음을 말하였습니다. 거리가 너무 멀거나 인종이 다르다는 이유는 도덕적으로 아무런 상관이 없기 때문에, 국제 원조나 외국인 노동자들에 대한 의무를 등한시하는 상황을 정당화할 수는 없음을 헤아릴 수 있었습니다.

그렇다면 이번 장에서는 많은 사람들의 마음에서 솟구치는 다음과 같은 질문을 함께 생각하고자 합니다.

"의무가 그런 방식으로부터 도출된다는 건 알겠어요. 우리에게 이런저런 의무가 있다는 것도요. 그런데 전 아직도 잘 모르겠어요. 도대체 '왜' 의무를 수행해야 하는 건데요? 대체 왜요?"

몇몇 철학자들은 이런 질문 자체가 '무의미하다'고 합니다. 한 마디로 난센스라는 거죠. 철학자들의 말에 따르면, '왜 ~를 해야 하는데요?'라는 질문은 도덕적인 이유를 알고자 하는 질문이라고 합니다. 예를 들어 "왜 진실을 말해야 하는데요?"라고 누군가 물었을 때, "너는 잘생겼기 때문이야"라는 답은 엉터리가 된다는 것이지요. 도덕적인 이유만이 대답이 될 수밖에 없는 질문을 던지면서도, 그 이외의 답을 요구하고 있다는 겁니다. 그래서 그들은 이런 질문을 집요하게 던지는 사람들을 보고 덜떨어졌다고 생각하는 경향이 있습니다. 하지만 다음의 이야기에 등장하는 엄마의 입장에 처했을 때, 아이가 덜떨어졌다고 생각하기는 어려울 것 같습니다.

엄마 : 오늘 너는 청소를 해야 한다.

아이 : 왜요?

엄마 : 왜긴 왜야. 네 방이 더러우니까 그렇지.

아이 : 방이 더러운데 왜 제가 청소를 해야 해요?

엄마 : 자기 방은 자기가 청소해야 하니까.

아이 : 왜요?

엄마 : 같이 사는 사람들은 모두 자기 몫을 치울 의무가 있단다.

아이 : 왜 그게 의무인데요?

엄마 : 누군가는 방을 치워야 해. 네가 치우지 않는다면 엄마가 치울 수밖에 없잖니. 그런데 엄마는 엄마 방도 치우거든. 매번 네가 어지르고 엄마가 네 방을 치워야 한다면, 너는 엄마를 당연히

네 방을 치우는 사람으로 생각하는 거야.

아이 : 아. 그렇군요. 생각해 보니까 엄마가 제 방을 치울 의무는 없는 것 같아요. 제가 제 몫을 치우는 게 정말 의무겠죠. 그런데 왜 제가 의무대로 해야 하죠?

짐짓 모른 척할 뿐, 우리는 사실 위와 같은 질문의 속뜻을 잘 알고 있습니다. '의무의 근거를 알고 싶다'고 하는 것이 아니라 '의무를 따르는 삶은 좀 팍팍하다. 그런 팍팍한 삶을 살아야 되는 이유가 대체 뭐냐?'고 묻는 것입니다.

삶의 방향은 '의무를 따르는 삶'만 가능한 게 아니죠. 의무를 넘어서까지 선행을 하는 삶이 있는가 하면, 의무를 철저히 어기는 삶, 의무를 대충 지키는 삶, 의무를 지켰다 말았다 제 맘대로 하는 삶도 있습니다. 사람이 인생을 살면서 의무만 생각할 수는 없습니다. 아름다움, 진리, 탁월성, 성취, 여유로움, 친밀감 같은 많은 것들이 우리의 관심을 끌지요. 의무의 비중은 좀 줄이고 다른 데 관심을 기울이자고 생각할 수도 있습니다. 따라서 왜 의무를 지켜야 하느냐에 대한 질문은 결국 '어떻게 살아야 좋은 삶인가'에 대한 질문과 연결될 수밖에 없습니다.

의무와 삶의 가치

 다시 물어보겠습니다. 왜 우리는 의무를 지키면서 살고 있는 것일까요.

"의무를 꼭 지키라고 교육을 많이 받았으니까요."

이것은 반복 학습을 하면 의무를 따르겠다는 의지가 정착된다는 심리적 설명에 불과합니다. 마치 파블로프의 개에게 종소리를 들려주고 밥을 먹이면, 종소리만 들어도 침을 질질 흘린다는 논리와 마찬가지입니다. 그 개의 입장에서 종소리를 듣고 침을 흘리는 것이 정말로 더 나은 삶이냐의 문제는 밝혀지지 않은 범주이지요.

"의무를 따르지 않으면 처벌을 받잖아요."

이는 들키지 않고 몰래 의무를 위배할 수 있다면 언제든 의무를 어겨도 된다는 말과 맥락상 동일하게 이해될 수도 있습니다. 세상에는 처벌이 규정되어 있지 않은 의무도 많이 존재합니다.

"의무를 다하지 않으면 사회 질서가 엉망이 돼요. 결국 다같이 못살게 된다고요."

다같이 의무를 지켜야 좋다는 이유는, '나는 왜 의무를 지켜야 하지?'라는 물음에 올바른 답을 주지 못합니다. 물음의 의미를 제대로 파악하지 않고 있기 때문입니다. 지금 묻고 있는 건 내 삶의 지침이지, 다른 사람들 모두도 이렇게 행동했으면 좋겠다는 욕구가 아닙니다.

"의무를 따르지 않으면 비난을 받아요. 결국 평판이 나빠지죠."
"의무를 따르지 않으면 즐거울 수 없을 것 같아요. 괜히 심적으로 불안정하고 찝찝하거든요."

사회의 도덕적 수준이 낮을 때에는, 의무를 지키지 않아도 별다른 비난도 받지 않고 불편함도 못 느끼는 경우가 많습니다. 수십 년 동안 남아프리카공화국에서 정부, 기업, 개인에 이르기까지 일어났던 백인의 인종차별이 노골적인 사례입니다. 인종차별에 가담하고 이익을 얻는 백인들은 백인들과 살고, 백인들과 이야기하고, 백인들의 복지만 염려합니다. 백인들 사이에서는 관대하고, 훌륭하다고 평가받고 자기 자신도 착한 사람이라고 믿어 의심치 않습니다. 생활 자체에서 흑인과 접촉할 여지가 크지 않기 때문에 불쾌할 일도 없는 것이죠.

부유한 사람 중에서 가난은 인과응보라는 논리를 믿으며 가난한 사람들의 삶에 무심한 이들도 마찬가지입니다. 한국 사회에서도 국제 원조에 기부를 하지 않는다고 비난을 하지 않기 때문에, 기부를 하지 않고 살아도 마음이 별로 불편하지 않습니다. 이는 자기가 추구하는 이익에 국한되어 있는 태도입니다.

그렇다면 하나의 상황을 가정해 봅시다. 선달이라는 사람이 있는데, 현재 한 투자회사에서 증권 중개인으로 일합니다. 어느 날 선달은 엄청난 사실을 알게 됩니다. 고객들에게 판 우량 금융상품이 큰 손해를 볼 때 회사는 이득을 볼 수 있는 상품을 대량으로 구매하는 것이었지요. 말하자면 회사는 고객들이 재산을 날린다는 쪽에 배팅함으로써 큰돈을 벌고 있었습니다. 회사는 스스로가 좋지 않다고 생각한 상품을 고객들에게 마구 팔았던 것입니다. 선달이 이러한 상황을 눈치챘다는 사실을 알게 된 상사는 그를 따로 불러 이야기합니다.

"이봐, 선달 씨. 이런 건 회사에서 다 알아서 하는 일이야. 법적으로도 아무 문제 없으니 괜히 신경 쓰지 마. 이미 내부적으로 검토가 된 거니까."

선달은 고민에 휩싸입니다. 괜히 밖으로 알렸다가 들키면 기나긴 싸움을 해야 할지 모릅니다. 회사는 선달을 해고할 테고, 부당한 해고라고 소송을 하면 시간이 많이 걸릴 테고, 같은 업계에서 취직하기가 힘들지도 모릅니다. 선달에게는 부양해야 할 가족도 있습니다. 그는 정직하게 진실을 말해야 할 의무의 힘을 크게 느끼지만, 현실적인 고려 사항의 힘도 느끼게 됩니다.

이런 경우, 고민에 도움이 될 만한 단초는 발견할 수 있습니다. 그것은 의무에 관한 설명을 되풀이하는 것도 아니요, 이렇게 하는 게 이익에 부합된다는 궁색한 둘러치기도 아닙니다. 대신 '어떤' 삶이 가치 있는 삶인가, '왜' 살고 있는가, '무엇'을 위해 살면 좋을까에 대한 지침을 찾아보는 일입니다. 이를 통해 자기만의 해결책을 찾아갈 수 있겠지요. 따라서 삶의 항해 방향을 평가하는 기준으로 세 가지를 생각해 볼 수 있겠습니다. 쾌락 모델, 충격 모델, 도전 모델이 그것입니다.

먼저 쾌락 모델이 있습니다. 쾌락 모델은 우리의 마음을 매혹시킵니다. 가능한 가장 많은 쾌락을 느끼는 것을 삶의 중요한 가치로 보기 때문이지요. '인생 뭐 있나? 즐겁게 살다 가는 게 최고지'라고 생각하면 세상만사 괴로울 게 없어집니다. 마음이 편하고 뿌듯합니다. 무라카미 류의 『69』라는 소설에는 '사악한 사람들에게 할 수 있는 유일한 복수 방법은 최대한 즐겁게 사는 것이다'라는 말이 나옵니다.

쾌락은 좋은 것이고, 좋은 삶은 쾌락적인 것이다.

쾌락 모델의 논거는 이렇듯 단순합니다. 여기에서 '의무'는 삶에 아무런 독자적인 무게를 가지지 않습니다. 의무가 자신의 쾌락을 늘려 주는 경우에는 의무를 따르고, 쾌락을 줄이는 경우에는 어기면 됩니다.

그렇다고 해서 이러한 삶의 방식을 신봉하는 사람이 사회 일탈자나 방탕한 사람은 결코 아닙니다. 오히려 이러한 생각을 하고 있는 사람들은 우리 사회에서 많이 볼 수 있는 평범한 사람들입니다. 법으로 강제되거나, 하지 않으면 가까운 사람들이 비난할 경우를 제외하고는 의무를 굳이 수행하지 않습니다. 주위 사람들에게 친절하고, 가까운 사람들을 돕습니다. 그러나 의무에 대해 깊이 생각해 보지는 않습니다. 쾌락 모델을 신봉하는 사람은 의무에 헌신하는 삶을 선택한 사람들을 바보라고 비웃지도 않습니다. 그런 사람들이 있으면 좋다고 생각합니다. 단지 그냥 남의 일이라고 생각하지요.

만일 주식 중개인 선달이 쾌락 모델을 택한다면, 큰 고민 없이 그냥 침묵하고 회사를 다닐 것입니다. 나중에 회사에서 문제가 된다고 하여도 일반 직원인 선달에게 책임을 묻지는 않을 것이기 때문이지요. 얼굴도 잘 모르는 고객들이 회사의 말에 속아 큰 손해를 본다고 해도 사실 별로 마음 아프지도 않습니다.

그러나 여기서 주의해야 할 것이 있습니다. 쾌락 모델은 우리가 쾌락에 '끌린다'는 사실만 지적했을 뿐, 왜 그렇게 끌리는 것이 삶의 지침이 되어야 하는지 그 이유를 제시하지는 않습니다. 단순한 끌림과 어떠한 결과에 이르는 이유는 다릅니다. "선장님, 배가 그

방향으로 가는 게 맞습니까? 이유를 설명해 주세요"라고 선원들이 묻는데 선장이 "아, 왜냐고? 저쪽 방향이 더 끌리거든"이라고 대답할 수는 없지요. 따라서 인생 요소 중에 쾌락이 무척 끌린다고 해서 그것이 전부 옳다고는 결론 내릴 수 없습니다.

사랑하는 사람이 갑작스럽게 세상을 떠나면, 큰 슬픔에 잠길 것입니다. 슬픔은 쉽게 사라지지 않습니다. 그 사람을 생각하면 가슴이 먹먹해지고 고통스러울 것입니다. 그런데 그 사람의 모든 것을 망각할 수 있는 약이 개발되었다고 가정해 봅시다. 옳다구나, 생각하고 그 약을 냉큼 먹을 사람은 없을 것입니다. 누군가를 만나고 떠나보내는 과정에서 아픔과 슬픔, 추억과 그리움을 모두 함께 가슴에 담고 살아가고자 하는 사람은 결코 어리석지 않습니다. 우리가 쾌락을 좋아하는 것은 사실이지만, 그것이 과연 인생의 전부가 되어 제일 중요한 가치가 될 수 있는지에 대해서는 좀 더 생각할 필요가 있는 것 같습니다.

쾌락만으로 삶의 가치를 판단할 수는 없어

여기, 불치병에 걸려 극심한 고통에 시달리는 한 할아버지가 있습니다. 할아버지는 소싯적 야구광이었고, 지역 야구팀에서 4번 타자로 이름을 날렸습니다. 할아버지에게는 고등

학생 손자가 있는데, 할아버지를 닮아 야구를 너무 좋아합니다. 손자는 할아버지와 늘 즐겁게 야구 연습을 하곤 했습니다.

의사는 할아버지의 생명이 1주일도 남지 않았다고 합니다. 할아버지는 하루하루를 버티는 것이 너무 고통스러웠습니다. 때문에 이제 죽음을 받아들일 준비를 하고 있었습니다. 그런데 손자가 속한 팀이 전국 고등학교 야구대회 결승전에 진출했고, 2주일 뒤에 결승전이 열립니다. 할아버지는 초인적인 정신력을 발휘하여 시간을 버텨냈고, 의사가 말한 시한을 1주일이나 넘겼습니다. 마침내 할아버지는 손자가 역전 만루 홈런을 날리는 장면을 보며 생애 가장 뜨거운 눈물을 흘리며 기뻐했습니다. 그리고 그날 밤, 할아버지는 가족들이 지켜보는 가운데 숨을 거두었습니다.

할아버지에게 1주일을 더 산다는 것은, 실로 엄청난 고통이었습니다. 1초라도 더 살면 삶 전체 쾌락의 양은 더더욱 마이너스로 치닫는 상황이었습니다. 손자의 경기를 보고 기뻐한 쾌락의 양은 심신의 크나큰 고통에 비할 수 없을 만큼 적습니다. 경기를 보는 와중에도 할아버지가 아픔을 참고 있는 모습이 너무 힘들어 보였으니까요. 그런데도 할아버지는, 자신이 사랑하는 손자의 중요한 경기를 보고 죽는 것을 매우 중요하게 생각했습니다.

쾌락 모델을 인생의 지침으로 삼는 사람에게는 이런 분투가 어리석게 보일지 모릅니다. 쾌락 모델은, 앞으로 남은 인생에 중요한 순간들이 있다 하더라도 그 모든 순간에 참을 수 없는 고통이 수반

된다면 차라리 빨리 목숨을 끊는 쪽을 선호하기 때문입니다. 다음의 사례를 보도록 하지요.

먼 미래에 어느 괴짜 과학자가 타임머신을 발명해서 1938년 미국으로 갑니다. 그는 그곳에서 20세 청년 리처드 파인먼을 만납니다. 괴짜 과학자는 자기 시대의 유행품인 '자기자극장치'를 파인먼에게 보여 줍니다. 너무나 정교하게 만들어진 탓에 그 장치를 쓰고 기계 속에 들어가 앉아 있으면 설정된 경험을 실제로 하는 것과 똑같은 느낌을 줍니다. 자신이 기계 속에 있는지, 실제로 살아서 그 경험을 하고 있는지 구분을 못 할 정도입니다. 또한 저절로 에너지를 보급해 주기 때문에 몸도 약해지지 않습니다.

감동을 주체할 수 없게 된 파인먼은 남은 인생을 기계 속에서 보냅니다. 가상 체험을 통해 격렬한 쾌락을 느끼며 살아가는 것입니다. 사실 파인먼은 노벨 물리학상을 수상하고 양자역학에서 뛰어난 연구 업적을 남길 인재였습니다. 그런 그가 기계 속에서 생을 마감하고 있습니다. 기계를 통해 느끼고 있는 삶의 쾌락이 실제 삶에서보다 훨씬 더 많음은 분명합니다. 그렇다면 괴짜 과학자는 파인먼의 삶을 좋은 방향으로 인도한 것일까요? 그렇다고 선뜻 대답하기는 쉽지 않습니다. 몇몇 사람들은 괴짜 과학자가 미래에서 괜히 와서 파인먼을 망쳤다고까지 이야기할지도 모르겠습니다.

위 사례들은 궁극적인 삶의 지침으로서 제시되는 쾌락 모델이 여러 가지 단점을 갖고 있음을 보여 줍니다. 손자의 야구 경기를 보게 된 할아버지는 분명히 자기 삶에 더 만족하게 되었습니다. 그러나 할아버지가 더 많은 쾌락을 느꼈다고 할 수는 없습니다. 쾌락에는 여러 종류가 있지만 공통점은 쾌락을 느낄 때는 즐거운 기분이 된 다는 점입니다. 우리는 같은 조건이라면 즐겁기를 바랍니다. 그러 나 어떨 때는 즐거운 것 자체가 우리가 소망하는 삶에 어울리지 않 는 경우가 있습니다. 사랑하는 사람이 세상을 떴는데 싱글벙글 웃 기를 원하지는 않습니다. 따라서 다른 모든 가치보다 쾌락을 우선 시하는 쾌락 모델은 삶의 이상적인 지침으로 납득할 수 없을 것 같 습니다.

외부적인 영향력도
삶의 절대적 가치는 아니야

삶의 항해 방향을 평가하는 두 번째 기준은 충격 모델입 니다. 이는 '세계를 더 나은 방향으로 만드는 데 많이 기 여할수록 좋은 삶이다'라고 이야기합니다. 많은 사람의 목숨을 구 하거나, 뛰어난 과학적 발견을 하거나, 새로운 기술을 발전시키거 나, 멋진 노래를 작곡한 삶 등을 말합니다.

충격 모델은 개인이 다른 사람의 복지에 끼치는 영향을 바탕으 로 삶을 평가합니다. 이 모델에 따르면, 천재 피아니스트 모차르트는 시골에서 피아노 교습만 하다 생을 마감한 무명의 음악가보다 훨씬 좋은 삶을 살았다고 판단합니다. 이 모델에 따르면 괴짜 과학자가 리처드 파인먼을 경험 기계로 유인한 것이 삶을 나쁘게 인도하였다는 점이 분명해집니다. 리처드 파인먼은 천재적인 연구 업적을 남겨야 하는데 경험 기계 속에서 혼자 좋아하다가 생을 마감했으니 이 세계에 크나큰 낭비가 된 것이죠. 많은 부를 축적해서 국제 구호단체에 거액을 기부한 부자는 그만큼 좋은 삶을 살았다고 판단합니다.

이 모델에 따르면, 증권 중개인 선달이가 내부고발을 해야 합니다. 해고당한다고 해도 그것은 가족이 해결해 나갈 문제입니다. 그가 다니는 회사에 재산을 투자한 고객은 수천 명이 넘습니다. 선달의 희생을 통해 고객들의 어마어마한 재산을 구할 수도 있고, 거기다 이런 못된 짓은 바로바로 알려야 예방이 됩니다. 크게 고민할 필요도 없는 일입니다.

그러나 충격 모델에도 약점이 있습니다. 충격 모델은 증권 중개인 선달의 소망, 사랑하는 가족의 삶을 힘들게 하고 싶지 않다는 마음을 부적절한 것으로 무시합니다. 선달이 내부고발을 했을 때 돕는 사람 하나 없어서 너무 많은 부담을 혼자 지게 되어도 무조건 그렇게 해야 된다고 요구합니다. 우리의 삶에 '세상에 기여하는 것' 이외의 가치가 있다는 사실을 진지하게 취급하지 않기 때문입니다. 사실 우리는 모차르트보다 시골의 피아노 교습자의 삶이 더 나쁜 것이었다는 평가에 쉽게 동의하기 어렵습니다. 재능이 없는 사람은 재능 있는 사람보다 좋은 삶을 살 수가 없다는 시각은, 대부분의 사람들이 평범한 재능을 가지고 있다는 사실에 비추어 봐도 매우 실망스러운 관점입니다.

예를 들어 선달이 우연히 아인슈타인의 상대성 이론을 소개하는 책을 읽고 큰 감동을 얻었다고 가정해 봅시다. 시간과 공간이 절대적으로 정해진 틀이 아니라 중력의 영향을 받아 수축하기도 하고 구부러지기도 하는 물리적 현상이라는 점에 놀라게 된 것이지요.

처음에는 좀 더 자세하게 이론을 소개한 과학 대중서를 찾아 읽다가, 더 많은 책을 읽을수록 그 이론을 좀 더 체계적으로 이해하고 싶은 욕구가 생깁니다. 그렇게 선달은 점점 수준을 높여 읽다가, 급기야는 아인슈타인의 논문을 제대로 이해하기 위해서 꼭 필요한 리만 기하학을 공부해야겠다는 결심을 굳힙니다. 목표 기간은 10년으로 잡습니다. 선달은 매일 꾸준히 친구와 술도 안 먹고, 책을 들여다보고 계산을 하고, 복습을 합니다. 그러나 일이 잘 풀리지 않아서 원했던 결과를 내지 않으면 선달의 가치는 없어집니다. 쓸데없는 짓을 한 거지요. 결론적으로 충격 모델은 우리 삶에 너무 무거운 부담을 지게 하는 것 같습니다. 소중하게 생각하는 가치를 무시하는 면도 많은 듯하고요.

도전하는 삶이야말로 진정한 가치

마지막으로 도전 모델이 있습니다. 도전 모델은 삶을 일종의 도전으로 봅니다. 그래서 좋은 삶이란 적절한 도전에 잘 대응한 삶이라고 합니다. 생명의 불씨를 잡고 손자의 경기를 보는 것, 상대성 이론을 깊이 있게 이해하고자 수학을 공부하는 것도 도전에 대응하는 것입니다.

도전 모델이 주는 지침은 때로 충격 모델이 주는 지침과 겹칠 때가 있습니다. 일본의 노구치 히데요 박사는 황열병을 비롯해 질병의 메커니즘을 규명하는 연구에 삶을 바쳤습니다. 그의 삶이 감동을 주는 것은, 뛰어난 의학 연구로 많은 생명을 살렸기 때문이 아닙니다. 그의 연구 결과는 후대에 와서 한 가지를 제외하고는 대부분이 뒤집혔습니다. 그러나 질병을 정복함으로써 세계의 고통을 줄이겠다는 도전 그 자체만으로도 가치 있는 일이었습니다. 노구치 박사는 어릴 때 입은 사고로 손이 뭉개졌습니다. 그것은 노구치 박사의 도전이 다른 사람보다 불리한 여건이었음을 의미합니다. 그러나 그렇다고 해서 손이 멀쩡한 사람보다 좋지 못한 삶을 살게끔 되어 있다는 것을 의미하지는 않습니다.

혼신의 힘을 다해 이제 마지막 걸작을 그리고자 하는 무명 화가가 있습니다. 그런데 유명한 화가가 손을 대신 쥐고 움직여줘서, 원래 그릴 수 있었던 것보다 더 좋은 그림이 나왔을 때, 무명 화가의 삶이 더 나아졌다고 볼 수는 없습니다. 그림을 그린다는 도전이, 단지 다른 사람에게 손을 맡기는 수동적인 일로 변질되었기 때문입니다. 괴짜 박사가 유명인들의 업적을 그대로 제공하면서 경험 기계를 제공해 주는 것은 유명 화가의 손을 빌리는 것과 비슷합니다. 한 인간의 삶은 그 사람이 세계에 준 충격과는 별도로, 그 충격을 실현해 나가는 과정 그 자체로도 가치 있게 됩니다.

도전 모델은 삶의 구체적인 딜레마를 진지하게 다룹니다. 중개인인 선달은 자신이 사랑하는 가족들의 삶에 결코 무심할 수 없습니다. 선달의 고민은 쾌락과 도덕 사이의 가짜 고민이 아닙니다. 내부고발자 보호 제도가 잘 되어 있는 사회에서 내부고발은 의무에 속합니다. 이 경우 잃게 되는 것은 부정한 행위에 가담해서 얻는 더 많은 소득과 승진의 기회밖에 없기 때문입니다. 하지만 내부고발을 하면 기업들이 블랙리스트를 돌려 취업 기회도 잃게 되는 사회라면 어떨까요? 그 정도면 일종의 사회적 매장입니다.

이러한 상황에서 쾌락 모델은 아무 고민 없이 고발하지 않으면 된다고 합니다. 충격 모델은 무조건 고발하라고 합니다. 그러나 도전 모델은 선달에게 어떻게 해야 시민이자 가족의 가장으로서 자신에게 주어진 도전들을 가장 잘 대응하는 것이냐고 묻습니다. 그리고 이에 대한 구체적인 답은, 내부고발자 보호 제도의 존재 여부처럼 선달이 처한 객관적 상황에 따라서 달라집니다. 선달이 여러 도전들에 부여하는 비중에 따라서도 달라질 것입니다. 선달은 희망

없는 문제를 제기하는 대신, 다음 기회를 보며 자료를 모을 수도 있습니다. 시민 단체를 알아보고, 믿을 만한 사람을 찾아볼 수 있습니다. 회사의 내부 비리를 고발하는 사람을 보호하는 입법 운동에 가담할 수도 있습니다.

우리는 도전 모델 속에서도 다양한 신념을 가질 수 있습니다. 도전 모델은 획일적인 해답을 내놓지 않기 때문입니다. 구체적으로 이런저런 신념 아래 목표를 세우고 수행하라고 지시하지 않지만 살아가게 하는 원동력을 잘 포착해 줍니다. 이처럼 상황과 경우에 따른 많은 점을 고려했을 때, 도전 모델은 '좋은 삶'에 관한 매력적인 지침인 것 같습니다. 그리고 이 모델은 우리가 처음에 했던 질문, "왜 의무를 따라야 하는가?"에 대한 대답의 단초를 제공해 줍니다. 왜냐하면 도전 모델은 대응해야 할 도전이 적절하다는 점이 좋은 삶을 위한 중요한 요건이라고 말하기 때문입니다.

어떤 권투 선수가 진행자에게 뇌물을 줘서 체급을 속인 후, 자기보다 몸이 훨씬 가벼운 체급의 선수에게 반칙을 행하며 경기하는 상황을 예로 들어 보지요. 이때 아무리 압도적으로 이겼다고 해도 그러한 승리는 결코 빛나지 않습니다. 오히려 그 경기는 최악의 경기로 기록될 것입니다. 규칙을 어김으로써 완전히 부적절한 도전이 되어 버렸기 때문입니다. 마찬가지로 의무를 따르는 것은 우리의 삶이 적절한 도전을 맞이하기 때문에 좋은 삶의 중요한 요건이 되는 것입니다.

우리 모두는 불완전한 존재

’의무’라는 단어는 그냥 듣기만 해도 가볍게 느껴지지가 않는데, 이 책에서는 그 단어가 참으로 많이 나왔습니다. 읽는 동안 마음이 무겁지 않으셨는지 모르겠네요. 마지막으로 의무에 관한 오해를 가볍게 짚어 보면서 이야기를 마칠까 합니다. 바로, ’의무는 너무 많은 것을 요구하기 때문에 다 지키는 것이 불가능하다’고 생각하는 오해입니다.

이는 아마도 충격 모델이 사회 전반에 무심결에 받아들여지기 때문이 아닐까 생각합니다. 충격 모델은 공리주의와 사이가 가깝습니다. ’최대 다수의 최대 행복을 실현하라’는 문구를 들어 본 적이 있을 겁니다. 공리주의 사상에 의하면 모든 개인은 살아가면서 사회 전체의 최대 행복을 실현하는 일에 최선을 다해야 합니다. 음악을 들을 때도, 책을 읽을 때도, 영화를 볼 때도, 친구들과 웃고 떠들 때도, 가족을 돌볼 때도, 사회 전체의 행복을 염두에 두어야 한다는 것이지요. 그래서 공리주의에 따르면 뚱뚱한 사람은 철로에 ’엎어져야’ 하고, 선달은 어떤 경우든 내부고발을 ’해야’ 합니다.

그러나 충격 모델이 삶의 지침으로 적절하지 않은 것처럼, 공리주의도 의무를 파악하는 일에 적절하지 않습니다. 왜냐하면 공리주의는 ’행복의 총합’과 같은 추상적 목표를 최대로 달성하기 위해서 개인 삶의 고유한 가치와 차이를 소중히 여기지 않게 됩니다. 이 사상에서 목적적 존재는 사람이 아니고, 행복의 총합이라는 수치가 됩니다. 그래서 개인의 삶을 행복을 담는 그릇이자 행복을 생산하는 도구로 보는 위험을 안고 있지요.

3장에서 의무의 핵심은 권리를 존중하는 것이라고 이야기하였습니다. 다른 사람의 권리를 침해하지 않는 선에서 하고 싶은 말을 하는 것은 나의 권리에 속하기 때문에, 이야기를 듣고 다른 사람의 기분이 좀 나빠진다고 해도 의무에 위배되지는 않는다고 하였습니다.

제가 말하고자 하는 의무란 그런 것입니다. 의무는 공정한 부담을 다한다는 것에 지나지 않습니다. 그 부담을 다한다는 전제 위에선, 누구나 자유롭게 자신이 가장 가치 있다고 생각하는 삶의 고유한 계획을 추구할 수 있는 것입니다. 이 책에서 언급된 의무들만 보아도 삶의 희생을 요구하는 면은 전혀 없습니다. 하지만 한국에서는 이러한 의무를 소홀히 하는 경우가 많습니다. 아마도 삶의 무게를 좀 덜고 싶어서겠지요. 하지만 그렇다고 해서 삶의 무게가 가벼워졌다고 쉽게 말할 수 있을까요?

미국의 경제지 《포브스Forbes》는 갤럽에 의뢰해 전 세계 155개국 주민들의 행복도를 조사했습니다. 그 결과는 2010년 7월 14일 기사로 소개가 되었지요. 조사에 따르면 우리나라 사람 100명 가운데 72명이 불행하다고 합니다. 61명은 어려움 속에서 삶을 겨우 지탱하고 있으며 11명은 삶의 기로에 놓일 정도로 고통스러워한다는 것입니다. 한국의 자살률이 세계 1위를 자주 차지한다는 사실은 유명합니다. 이는 사회가 그 구성원을 평등하게 배려하지 못했기 때문입니다. 양극화 현상이 일어나면서 경쟁으로 삶이 각박해졌기 때문이라고 볼 수 있습니다.

먹고 살기 바쁘거나 이익을 하나라도 더 챙기기 위해 조금씩 자신의 의무를 회피한다면, 사회 역시 그 구성원을 평등하게 배려하기 어렵게 됩니다. 적어도 이 악순환만큼은 자기 몫을 다해서 깨야 하지 않을까요? 물론 의무를 수행하는 것은 적지 않은 노력이 필요합니다. 때로는 삶을 이끄는 다른 힘 때문에 자기 몫의 의무를 적절히 다하지 못할 때도 있습니다. "어차피 나는 다 못할 건데 뭐하러 고민해?"라고 말하는 사람도 있습니다.

이런 태도에 빠지지 않기 위해 우리는 우울한 자기 비하가 아니라, 건강한 부채감을 가질 필요가 있습니다. 부채감이란 우리가 살고 있는 지금 이 사회의 유리한 여건들은, 의무를 따르고 때로는 의무를 넘어선 행위를 한 사람들의 피와 땀으로 마련되었다는 점을 잊지 않는 것입니다. 의무를 지키는 것은 다른 도전을 적절하게 만드는 전제이기도 하지만, 그 자체만으로도 우리 삶에 주어진 중요한 '도전' 중 하나일 것입니다.

참고 문헌과
좀 더 깊이 있는 이야기

더 많은 공부를 하고 싶거나 이 책을 통해 토론하고 심화 학습을 하고 싶은 독자들이 있다면, 아래의 내용을 참고하면 됩니다.

1장 _ 무엇이 우리의 '의무'가 되는 걸까?

'선한 의지'란 다른 목적이나 조건 없이 오직 선해지려는 의지를 가리킵니다. 절대적 가치를 가진 것은 오직 선한 의지뿐이라는 주장은 칸트가 『도덕 형이상학을 위한 기초 놓기』(이원봉 옮김, 책세상, 2002) 제1장에서 개진한 것입니다. 칸트 도덕철학에 대한 더 자세하고 쉬운 설명은 『호모 에티쿠스』(김상봉 지음, 한길사, 1999)를 참고 하시기 바랍니다.

　의무의 성격에 대해 이와 다른 견해를 취하는 학자들도 있습니다. 자신의 이익을 추구하기 위한 목적으로 협상을 거친 끝에 사회 규칙이 도출되었을 때 그 규칙을 지키는 것이 의무라는 입장이지요. 홉스Thomas Hobbes의 사상이 이러한 논리를 따르고 있습니다. 현대 정치철학자 중에서는 고티에David Gauthier가 『합의 도덕론』(김형철 옮김, 철학과현실사, 1993)이라는 책에서, 도덕이란 전략적으로 합리적인 행위자들이 협상한 결과라고 주장한 바 있습니다.

1장 초반에 등장한 동건이가 쓰는 나노 음성수신기는 플라톤의 『국가』에 나오는 기게스의 반지^{Ring of gyges} 이야기를 가볍게 풀어 각색해 본 것입니다. 위 책에서 글라우콘은 성실한 목동 기게스가 자신을 투명인간으로 만들어 주는 반지를 우연히 발견한 후, 왕비를 유혹하고 왕을 암살하기까지 이른다는 이야기를 제시합니다.

2장 _ 사람은 수단이나 도구가 아니야

'객관적 가치를 갖는 목적으로서의 인간'이라는 표현 역시 칸트의 『도덕 형이상학을 위한 기초 놓기』에 나오는 이야기입니다. 정치 공동체의 구성원으로서 갖는 합당한 지위에 대해 서로 존중해야 한다는 정치적 의무는 존 롤스의 『정치적 자유주의』(장동진 옮김, 동명사, 1999)를 참고하였습니다.

무엇이 의무인지 판단하는 추론 방법에 관한 내용은 존 롤스의 『정의론』(황경식 옮김, 이학사, 2003) 1장 제4절-제9절을 참조하였습니다. 여기서 간략하게 소개한 추론 방법은 '도덕 구성주의'라고 불리는 것입니다. 존 롤스의 도덕 구성주의에 대하여 더 자세한 설명을 보고 싶은 분은 존 롤스의 논문 「도덕 이론에서 칸트적 구성주의Kantian Constructivism in Moral Theory」, 「칸트 도덕 철학의 주제Themes in Kant's Moral Philosophy」, 로널드 드워킨의 『권리 존중론Taking Right Seriously』 제6장 '정의와 권리Justice and Rights'를 참고하시기 바랍니다.

2장에서 소개된 사례 중 철길 위를 달려오는 기차 이야기 기억나지요? 이는 미국 생물학자 하우저Marc Hauser와 그 동료들이 집필한 『도덕적 마음Moral Minds: How Nature Designed a Universal Sense of Right and Wrong』이라는 책을 바탕으로 하였습니다. 사람들이 직관적으로 내리는 도덕적 판단이 어떤 공통된 법칙을 전제하고 있는지를 조사하기 위해 사용한 딜레마 상황을 약간 변경한 것입니다.

이 사례에서 선로 변경기를 돌리는 행동과 손으로 직접 밀어뜨리는 행동은 그 자체로 도덕적 차이가 없다는 점을 설명하고 있는데요. 회전문을 돌려서 뚱뚱한 사람을 아래로 떨어뜨리는 경우를 생각해 보라는 충고는, 정치철학자 마이클 샌델Michael Sandel이 하버드 대학교 학부생을 대상으로 20년 넘게 해 온 강의인 〈정의Justice〉에서 언급한 것입니다. 유투브(www.youtube.com)에서 'Sandel Justice'로 검색하면 그의 강의를 볼 수 있으며 『정의란 무엇인가』

(이창신 옮김, 김영사, 2010)라는 책으로도 정리되어 나왔으니 이를 참고하셔도 좋을 것입니다.

'죽음의 로또'는 존 해리스^{John Harris}라는 철학자가 「생존 로또^{The survival lottery Philosophy}」라는 논문에서 제안한 사고 실험인 '생존 로또'를 소개한 것입니다. 사회 번영을 이유로 일부 계층에게 희생을 강요한다면 구성원을 목적으로 평등하게 배려하지 못하는 것이라는 주장은, 로널드 드워킨의 『원리의 문제^{A Matter of Principle}』 제7장 「왜 자유주의자는 평등에 관심을 기울여야 하는가^{Why Liberals Should Care about Eqaulity}」라는 논문을 참조했습니다. 이 논문에서는 1980년대 미국 레이건 정부의 복지예산 감축과 긴축 정책을 다루고 있습니다.

3장 _ 의무 vs. 권리, 떼어 놓을 수 없는 밀접한 관계

권리를 존중한다는 것은, 아무리 좋다고 생각하는 것이라도 권리를 침해하면서 추구해서는 안 된다는 말입니다. 이 원칙은 '옳음은 좋음에 우선한다'로 표현될 수 있는데 칸트 도덕철학의 주된 전제입니다. 이는 또한 존 롤스의『정의론』에서 제시된 주요 논제 중 하나입니다. 로널드 드워킨은『권리 존중론Taking Rights Seriously』제4장 '난해한 사건Hard Cases'에서 공동체의 정치적 결정을 정당화하는 논거가 두 가지로 나뉜다고 논합니다. 무엇이 좋다고 하는 '정책 논변'과 무엇이 옳다고 하는 '원리 논변'이 그것이지요. 드워킨은 권리가 이슈가 될 때는 원리 논변이 우선된다고 합니다.

정치철학에서는 이에 대한 반대 견해가 많습니다. 벤담Jeremy Bentham이나 밀John S. Mill, 스마트J. J. C. Smart 같은 공리주의자는 오래전부터 '옳음the right의 근거가 곧 좋음the good이다'라고 이야기해 왔습니다. 최근에는 샌델이나 매킨타이어Alasdair MacIntyre 같은 공동체주의자들이 롤스와 같은 자유주의자들을 비판합니다. '좋음이 옳음에 우선한다'는 주장을 펼치고 있는 것입니다.

그러나 좋음이 옳음에 우선한다는 명제는, 사람을 수단으로 다룰 위험을 항상 갖고 있는 것 같습니다. 예를 들어 신앙을 이유로 경례를 거부하는 학생을 징계한 학교의 퇴학 조치가 무효라는 판결에 대해, 샌델은『민주주의의 불만Democracy's Discontent』이라는 책에서 국기에 대한 경례를 강제하는 것은 공화주의적 시민의 덕과 충성심을 고양하는 정당한 방식이기 때문에 이 판결이 잘못된 것이라고 비판한 적이 있습니다.

위 판결의 사실 관계를 잠깐 살펴보면 다음과 같습니다. 1942년에 웨스트 버지니아 주의 교육위원회는 모든 교사와 학생들이 국기에 대해 경례를 해야 하며, 그것을 거부하면 퇴학 조치를 당한다는 법을 통과시켰습니다. 그런데 학교에 학생을 보내지 않는 부모는 웨스트 버지니아 주의 교육법에 따라 벌금을 내야 합니다. 학생이 국기에 대한 경례를 거부하면 '반항'으로 간주되어 퇴학 조치될 뿐 아니라 그 부모는 졸지에 전과자가 되는 것이죠. 부모가 아이를 다시 학교에 보내면 학교는 집으로 아이를 돌려보냈습니다. 복학 신청은 거절했고, 그렇게 퇴학당한 아이는 아무런 공적인 교육도 받지 못하게 만들었습니다.

이 법 때문에 딸이 퇴학당하고 벌금을 물게 생긴 바넷 부부는 여호와의 증인이었습니다. 여호와의 증인은 현세의 일시적인 시각적 상징에 충성을 맹세해서는 안 된다는 종교적 신념을 가지고 있었기 때문에 국기에 대해서 충성을 할 수 없었던 것이지요. 미 연방대법원은 국기에 대한 경례는 '의사 표명'에 해당한다고 판단하였습니다. 따라서 이 법은 어떠한 사람이 지닌 신앙과 신념에 반하는 것을 강제로 말하게 하는 것과 마찬가지라는 것이죠. 때문에, 종교의 자유와 표현의 자유를 보호하는 미국 헌법 수정조항 제1조에 위반된다고 판시했습니다. 샌델은 이러한 미 연방대법원의 논리는 절차적 공화주의procedural republic라는 시민의 덕이 해체되는 국가로 이르게 한다면서 신랄하게 비판하였습니다.

결국 샌델은, 이런 상황에서 여호와의 증인은 자신의 신앙에 반하는 내용을 강제로 말해야 하며, 그것을 거부하면 아이가 퇴학당하고 아무런 교육 기회도 갖지 못하는 상황이 맞다고 본 것입니다. 이러한 결론은 그 구성원을 충성심loyalty이라는 공화적 덕을 고양시키기 위한 수단이자, 그런 덕virtue을 담는 일종의 그릇으로 보았기 때문에 나온 것입니다. 샌델 책『정의란 무엇인가』가 최근 한국에서 큰 인기를 끌고 있지요. '공동체의 덕이 중요하지'라고 무심결에 끄덕이며 읽을 것이 아니라 그 저변에 깔린 논리의 위험도 제대로 살펴보아야 할 것입니다.

'간섭 없는 상태가 그 자체로 가치 있는 것은 아니다'는 설명은 로널드 드워킨의『법복 안의 정의Justice in Robes』제4장 '도덕적 다원주의Moral Pluralism'에서 개진된 것입니다. 이 글을 통해 드워킨은 간섭 없는 상태를 모두 소극적 자유로 본 이사야 벌린Isaiah Berlin을 비판하면서 '살인 금지'와 '정치 표현의 금지'가 본질적으로 다르다고 논합니다. 간섭받지 않는 약속이 약속 당사자의 자율성을 해칠 경우에는 오히려 약속을 규제하는 것이 진정한 자유 개념에 들어맞는다는 이야기도 했었지요. 이는 자유주의 정치철학자 조셉 라즈Joseph Raz가 『자유의 도덕The Morlaity of Freedom』 제15장 자유와 자율성Freedom and Autonomy에서 주창한 '자율성에 기반한 자유Autonomy based Liberty' 개념을 참고한 것입니다. 이 주장은 라즈뿐 아니라 사실상 현대의 모든 평등주의적 자유주의자들이 동의하는 것이기도 합니다.

생수 판매업자 사례는, 현실에서도 흔히 보는 불공정 계약의 전형적인 경우입니다. 한국에서는 '비정상적인 배경에서 이루어진 약속은 효력이 없다'는 정신을 구현해서 민법 제104조에서 '당사자의 궁박, 경솔, 무경험으로 인하여 현저하게 공정을 잃은 법률 행위는 무효로 한다'고 규정하고 있습니다. 여기서 '궁박'이라는 표현은 목이 말라서 죽을지 모르는 절박한 사태를 뜻합니다.

남녀고용평등법 제11조와 근로기준법 제6조는 결혼을 하게 된 여직원은 퇴직해야 한다는 회사의 조치를 차별로 금지하고 있습니다. 여성과 남성을 불문하고 둘 다 결혼하면 퇴직하라는 독신조항은 민법 제103조에 따라 선량한 풍속에 위배되어 무효입니다.

　무작위 배정 제도 아래 사립학교가 강제 종교교육을 운영하는 것은 불법 행위로, 손해 배상의 대상이 된다는 대법원 판례는 2010년 4월 22일에 선고된 '2008다38288 판결'입니다. 미 연방대법원은 1970년 'Lemon v. Kurtzman 403 U.S. 602' 사건에서 정부가 종교에 지나치게 연루되는 것을 조장해서는 안 된다는 기준을 밝혔습니다. 설사 사립학교가 자율 선택으로 입학생을 받더라도, 의무적인 종교교육을 운영하는 경우에는 국가의 재정 지원이 위헌이라고 계속 판결하여 보여 주고 있습니다.

4장 _ 투표하는 것만이 민주주의의 전부일까?

민주주의의 다수결 전제 Majoritarian Premise 를 비판했던 것 기억하지요? 어떤 공동체가 단순히 숫자를 합산하는 데 그칠 게 아니라 민주적으로 통치하고 있음을 말하려면, 구성원 간에 특별한 도덕적 관계를 맺고 있어야 한다고 이야기했습니다. 이 도덕적 관계가 성립하기 위한 요건 세 가지는 로널드 드워킨이 『자유의 법 Feedom's Law: The Moral Reading of The American Constitution 』의 서문에서 제시한 것입니다.

존 롤스 역시 『정의론』 제54절에서 동일한 논리를 말하고 있습니다. '다수결'이란 민주주의의 정의로운 여건이 모두 충족된 뒤에야 규범적인 힘을 갖는다는 것입니다. 또한 헌법상 입법 절차를 다 따랐다 하더라도 그 법률이 합당하게 택할 수 있는 영역을 벗어나는 경우도 있습니다. 예를 들어 구성원의 독립성을 침해하거나, 구성원의 일부를 불평등하게 차별하는 경우에는 규범적인 권위를 갖지 못한다고 언급합니다.

미 연방대법원은 1954년 'Brown v. Board of Education of Topeka, 347 U.S. 483' 판결에서 흑백분리 학교 제도를 규정한 주 법이 위헌이라고 판결하였습니다. 이런 법률은 합당한 영역을 벗어난 입법으로 민주주의적 권위를 갖지 못하는 예라고 볼 수 있습니다. MP3 플레이어를 돌려준다고 약속했다는 사실이 약속의 당위를 갖는 것은, 정의로운 배경 안에서 약속이 승인되었기 때문이라는 논의 역시 존 롤스의 『정의론』 제52절의 논의를 참고하였습니다.

농경 사회에서의 '게으름뱅이파' 이야기는 유럽에서 일어났던 역사적 사실을 변형한 것입니다. 로마 제국이 몰락한 후, 고립된 지역의 상당수는 특별한 권력자 없이 자작농들이 주축이 되는 사회가 존재했습니다.

6-8세기 사이에 말을 타고 앉아 두 발로 디디게 되어 있는 물건인 '등자'가 발명되었습니다. 덕분에 기병들은 말에서 미끄러져 떨어지지 않게 되었고, 자작농의 무장 수준에서는 전문적인 기병을 당해 낼 수 없게 되었습니다. 결국 농부들은 돈을 투자해 값비싼 창과 칼, 갑옷, 투구 등을 사들여 마을 청년들을 기병으로 만들었습니다. 하지만 힘 있는 기병 앞에 속수무책일 뿐이었습니다. 몇 세대를 거치면서, 기사의 후손들은 새로운 계급으로 발전하였습니다. 그들은 끝없이 농부들의 노동력을 착취하게 되었고 이것이 곧 '봉건제도'의 효시입니다. 이 이야기는 화이트White, L., Jr의 『중세 기술과 사회 변화Medieval technology and social change』에 등장합니다.

5장 _ 사회의 '정의로움'은 어떻게 판단해야 할까?

수전 B. 앤서니의 이야기는 『세상을 바꾼 법정And The Walls Tumbling Down』(H. 미첼 콜드웰, 마이클 S. 리프 지음, 금태섭 옮김, 궁리, 2006) 제4장에 자세히 소개되어 있습니다.

법을 지켜야 하는 규범적 근거는 '공정성'에서 나온다는 주장은 존 롤스의 논문 「법적 책무와 공정한 경기의 의무Legal Obligation and the Duty of Fair Play」를 참조하였습니다. 롤스는 위의 논문에서 법을 지켜야 하는 것은 다수의 더 큰 이득 때문이 아니라, 법이라는 공공 규칙 덕택에 혜택을 누린다면 그 부담도 공정하게 져야 한다는 정의의 원칙 때문임을 강조하였습니다. 롤스는 이것을 '공정한 경기의 의무'라고 불렀습니다.

시민 불복종의 요건은 존 롤스의 『정의론』 중에서 시민 불복종을 다루고 있는 제6장 '의무와 책무' 부분과 함께 「시민 불복종의 정당화The Justification of Civil Disobedience」라는 논문을 참조하였습니다. 여기서 소개한 롤스의 논문들은 새뮤얼 프리먼Samuel Freeman이 엮고, 하버드 대학 출판부에서 1999년 출간한 『롤스 논문 모음집Collected Paper』에 모두 실려 있습니다.

시민 불복종의 요건이 경우에 따라 완화될 수 있다는 주장은 로널드 드워킨의 『원리의 문제』 제4절 「시민 불복종과 반핵 시위Civil Disobedience and Nuclear Protest」를 참조하였습니다. 이 글에는 철학자이자 사회학자인 위르겐 하버마스Jurgen Harbemas의 주장도 소개되어 있습니다. 하버마스에 따르면, '공동체 전체에 심대한 영향을 미치는 결정이 과반수를 가까스로 넘거나 제대로 된 논의 없이 통과될 경

우에는 설사 통상적인 입법 절차를 거쳤다 하더라도 정치적 정당성
이 크게 위협받는다'고 합니다.

6장 _ 공동체, 그 경계에 선 사람들을 위하여

공동체의 규칙은 상호 이익을 위한 매뉴얼로 볼 수도 있고 원리의
표현으로 볼 수도 있습니다. 로널드 드워킨의『자유주의적 평등』
(염수균 옮김, 한길사, 2005) 제6장에서는, 전자를 '규칙집 모델'로 후
자를 '원리의 모델'로 구분합니다. 규칙집 모델에서의 공동체는 이
익을 추구하기 위한 전략적 단위입니다. 때문에 원리의 모델만이
공동체의 특별한 의무를 제대로 설명할 수 있다고 합니다. 이 장에
서 소개된 친구 사이의 특별한 의무는 드워킨의 논의를 그대로 원
용하였습니다. 아미스타드 호 사건은『세상을 바꾼 법정』제2장에
자세히 소개되어 있습니다.
　또한 우리는 본문에서 오늘날 공직자들이 정치 공동체의 의무를
수행하는 자가 아니라는 관점을 살펴보았지요. 공직자들이 자신을
후원하는 개인들의 이익을 추구하는 자들로 전락한 현실을 보여 주

는 책으로는 『포스트 민주주의 – 민주주의 시대의 종말』(콜린 크라우치 지음, 이한 옮김, 미지북스, 2008)이 있습니다.

'물에 빠진 아이'의 사례는 공리주의자이자 실천윤리학자인 싱어Peter Singer의 『물에 빠진 아이 구하기』(함규진 옮김, 산책자, 2009)에서 제시한 것입니다. 싱어는 이 사례를 여러 모로 변화시켜 봅니다. 그때마다 아이 구하기를 거부하는 태도가 의무의 측면에서 정당화될 수 있는지를 묻고 있습니다.

이 장에서 제시된 최빈국들의 상황과 우리들의 원조가 줄 수 있는 도움에 대한 내용은 위에 소개된 책과 함께 싱어의 또 다른 책인 『세계화의 윤리』(김희정 옮김, 아카넷, 2003)를 참고하였습니다.

불리한 여건에 놓인 '고통을 겪는 사회들'에 대한 적절한 원조의 의무, 방법, 한계에 대해서는 존 롤스의 『만민법』(장동진·김만권·김기호 옮김, 아카넷, 2009)의 제15절과 제16절을 참조하였습니다. 롤스는 국가state라는 정부 조직 대신 만민people이라는 용어를 씁니다. 이는 국가의 주권은 무소불위한 최고의 것이고, 만민은 다른 만민과의 관계에서 아무 의무를 지지 않는다는 현실주의 국제정치론을 롤스가 비판하고 있기 때문입니다. 롤스 역시 아마르티아 센의 연구 결과를 인용합니다. 가난한 나라에 물자를 분배하는 것만으로는 그 사회의 부정의를 교정하기에 충분하지 않다는 점을 강조하고 있습니다. 즉, 적정한 정치 제도와 기술, 시민적 덕목이 자본의 저축과 함께 이루어지도록 다른 나라의 만민들이 특별한 관심을 기울일 의무가 있음을 이야기합니다.

이민과 귀화의 원칙에 관해서는 마이클 왈쩌의 『정의와 다원적 평등』(정원섭 외 옮김, 철학과현실사, 1999) 제2장을 참조하였습니다. 마이클 왈쩌는 고대 그리스 아테네에서 외국인의 지위를 살펴봅니다. 외국인 노동자가 대등한 계약의 당사자도, 관광객과 같은 단순한 손님으로도 취급되어서는 안 된다는 점을 강조하지요. 외국인 노동자 역시 통치를 받는 일원으로 대우받아야 한다고 이야기합니다.

7장 _ 왜 우리는 의무를 지켜야 하지?

"왜 의무를 따라야 하지?"라는 질문은 "왜 도덕적이어야 하지?"라는 윤리학적 경계의 질문을 책의 성격에 맞게 변형한 것입니다. 이는 철학자 닐센Kai Nielsen의 『왜 도덕적이어야 하지?Why Be Moral?』제8장, 제9장, 제14장을 참조하였습니다. 특히 제14장에서 닐센은,

'의무를 따르지 않으면 결국 심리적으로 불행하게 된다'는 주장에 대해 반례를 듭니다. 집단 이기주의에 빠져 있는 사람은 평안하고 안존하게 살 수 있다는 것이지요.

괴짜 과학자의 자극장치 사례는 정치철학자 로버트 노직이 『아나키에서 유토피아로』(남경희 옮김, 문학과지성사, 2000) 제3장에서 공리주의의 난점을 지적하면서 제시한 가상의 사고 실험인 경험 기계experience machine를 응용해서 만든 이야기입니다.

로널드 드워킨은 『자유주의적 평등』의 제5장, 제6장에서 '충격 모델'과 '도전 모델'을 구분합니다. 우리가 보다 합당하게 받아들일 수 있는 삶의 모델은 도전 모델임을 논하는 내용을 참고하였습니다. 로널드 드워킨은 공동체 구성원 개개인의 삶은 오케스트라와 협연하는 바이올린 연주자와 같다고 합니다. 그럼으로써 도덕적 의무가 적절한 도전을 구성한다는 주장을 개진합니다.